ヴォーリズ建築の100年

100 years of W.M.Vories' Works

恵みの居場所をつくる

山形政昭 監修

William Merrell Vories

はじめに
山形政昭

米国人ウィリアム・メレル・ヴォーリズ William Merrell Vories（後の一柳米来留）は明治38年（1905年）に英語教師として来日し、滋賀県近江八幡を拠点にキリスト教精神にもとづくさまざまな事業を行った。近年、彼の建築が改めて注目されている。

ヴォーリズは明治40年（1907年）教員としての職を解かれたが、翌年末、ある支援者の紹介で京都YMCA会館の工事監督の仕事を得、建築設計監督事務所を一人で開設した。これが後のヴォーリズ建築事務所の創業とされている。いうところのアマチュア建築家からの出発であったが、間もなく米国人の青年建築技師を迎えてヴォーリズ合名会社を設立し、またキリスト教活動の指導に武田猪平牧師を招き近江ミッション（後の近江兄弟社）を興したのである。その事業は建築活動等とともにあり、伝道雑誌『湖畔の声』を発行してミッションの活動を発信するなどユニークなものであった。

ヴォーリズ合名会社は、事業の発展にともなって大正9年（1920年）、建築部門がヴォーリズ建築事務所に、メンソレータムを扱う輸入販売部門が近江セールズ株式会社に再編されるなかで、ヴォーリズ自身は建築事務所に属して活動した。

ヴォーリズは建築そのものを「キリスト教精神の表現 Demonstrating Christianity」と捉えており、それは彼の深いヒューマニズムの発露であった。そして建築の設計とは依頼者と種々の専門性を持った技師たちの協力によってなされる総合的な営みと述べているように、建築家のもつ作家的個性の表現とは類の異なる建築活動を展開した。

ヴォーリズの建築は主として20世紀初頭の米国建築の流れをひいて、種々の様式建築の意匠を合理的に活用したものであり、住宅建築では和風との融合を工夫したものも多い。実用に沿いながら意匠に優れ、ときに簡素でありながら風格あるヴォーリズの建築は、近江の地を中心に全国各地で残されている。

本年、ヴォーリズの建築活動開始から100年を迎えるに際して「ウィリアム・メレル・ヴォーリズ展」が企画された。本書は、この展覧会の図録を兼ねた書籍として刊行されるものである。ヴォーリズ展とともに、親しみやすく包容力のある空間をもつヴォーリズの建築の魅力を探りたい。

平成20年1月

凡例

* 本書は「ウィリアム・メレル・ヴォーリズ展」の公式カタログであるとともに、この展覧会の成果を広く伝えるために出版されるものである。
* 展示品のうち、本書では写真掲載を割愛したものもある。逆に、本書に掲載された写真の中には展示されないものも含まれる。
* 本書は、カラー図版・解説、論考・エッセイ、コラム、資料で構成される。
* カラー図版・解説は、現名称（旧名称）、竣工年、所在地、構造、文化財、解説の順で記した。
* 本書に写真を掲載した建築物の大半は一般に公開されていない。外観を見学する際も良識をもって振る舞われたい。

目 次

100 years of W.M.Vories' Works

はじめに　山形政昭 ————— 3

カラー図版・解説

I 湖国のユートピア

ヴォーリズ記念館（旧ヴォーリズ邸）————— 10
近江兄弟社学園ハイド記念館
（旧清友園幼稚園・教育会館）————— 11
吉田邸 ————— 12
旧近江ミッション・ダブルハウス ————— 14
旧佐藤邸 ————— 16
クラブハリエ日牟禮館（旧忠田邸）————— 17
日本基督教団堅田教会（旧堅田基督教会館）————— 18
日本基督教団今津教会・今津幼稚園
（旧今津基督教会館）————— 19
日本基督教団大津教会・愛光幼稚園
（旧大津基督教同胞教会）————— 20
旧水口図書館 ————— 21
米原市醒井宿資料館（旧醒井郵便局舎）————— 22
旧八幡郵便局舎 ————— 23

II ミッション建築家として

日本基督教団福島教会
（旧福島日本基督教会）————— 26
日本基督教団京都御幸町教会
（旧日本メソジスト京都中央教会）————— 27
京都大学YMCA会館 ————— 28
明治学院礼拝堂 ————— 29
日本基督教団大阪教会 ————— 30
西南学院大学博物館（旧西南学院本館）————— 33
九州学院高等学校講堂兼礼拝堂 ————— 34
活水学院本館・講堂 ————— 35
ルーテル学院中学・高等学校本館
（旧九州女学院本館）————— 36
関西学院　時計台（旧図書館）、文学部校舎、
神学部校舎、経済学部校舎、総務館、
住宅他 ————— 37
神戸女学院　総務館、講堂、チャペル、文学館、
理学館、図書館、音楽館、体育館、
中高部校舎、ケンウッド館他 ————— 42
横浜共立学園本館 ————— 48
同志社大学アーモスト館 ————— 50

東洋英和女学院本館 ─── 52
豊郷小学校（旧豊郷尋常高等小学校） ─── 54
大阪女学院高等学校校舎・ヘールチャペル ─── 56
啓聖高等学校　安東教会 ─── 57
梨花女子大学校（旧梨花女子専門学校） ─── 58

III 軽井沢─自然の緑と住む

軽井沢ユニオンチャーチ ─── 62
日本基督教団軽井沢教会
（旧軽井沢基督合同教会） ─── 63
旧朝吹山荘（睡鳩荘） ─── 64
浮田山荘（旧ヴォーリズ山荘） ─── 66
亜武巣山荘（旧アームストロング山荘） ─── 67
軽井沢会テニスコート・クラブハウス ─── 68
軽井沢集会堂 ─── 69
ヴォーリズ六甲山荘（旧小寺山荘） ─── 70

IV 『吾家の設計』と住宅建築

ピアソン記念館（旧ピアソン邸） ─── 72
西町インターナショナルスクール（旧松方邸） ─── 74
旧プレスビテリアン・ミッション住宅 ─── 75
駒井家住宅（駒井卓・静江記念館） ─── 76
旧彦根高等商業学校外国人教員住宅 ─── 78
高輪館（旧朝吹邸） ─── 79
小寺邸 ─── 80
大丸ヴィラ（旧下村邸） ─── 82
近江岸邸 ─── 85
旧マッケンジー邸 ─── 86
柿元邸（旧パミリー邸） ─── 88
村岡邸（旧岩瀬邸） ─── 89

V 都市の建築

大丸大阪心斎橋店 ─── 92
大同生命ビルディング ─── 96

東華菜館（旧矢尾政） ……… 98	朝吹別荘とその移築保存　松岡温彦 ……… 148
山の上ホテル（旧佐藤新興生活館） ……… 100	旧近江八幡郵便局舎の再生　石井和浩 ……… 150
	ピアソン記念館とヴォーリズ　伊藤　悟 ……… 152
	ヴォーリズネットワークの活動　土井祥子 ……… 153

論考・エッセイ

理想を形に──ミッションスクールの建築
山形政昭 ……… 102

『吾家の設計』とヴォーリズの住宅
山形政昭 ……… 108

ミッションに生きる──ヴォーリズ建築を生み出したもの
奥村直彦 ……… 113

ヴォーリズ建築のこころとかたち　石田忠範 ……… 120

スパニッシュなヴォーリズ　藤森照信 ……… 125

ヴォーリズとモダン都市　海野　弘 ……… 128

アメリカ建築史から見たヴォーリズ　福田晴虔 ……… 131

軽井沢とヴォーリズ　内田青蔵 ……… 134

ヴォーリズの恩恵　阿川佐和子 ……… 138

ヴォーリズと関西学院──重なり合うそれぞれのあゆみ
田淵　結 ……… 141

窓からの眺め──
神戸女学院岡田山キャンパスに見るヴォーリズの美学
濱下昌宏 ……… 144

豊郷小学校の建築意義　川島智生 ……… 147

座談会　ヴォーリズさんを慕って
林　一・吉田ゑい・矢野　義・芹野与幸 ……… 154

コラム

ヴォーリズの暖炉　石田忠範 ……… 24
ヴォーリズの照明器具　石田忠範 ……… 60
ヴォーリズの階段　石田忠範 ……… 90
ヴォーリズの扉　石田忠範 ……… 101
ヴォーリズの窓　石田忠範 ……… 159

資料

ヴォーリズ建築主要作品リスト ……… 160
ヴォーリズの書画とゆかりの品々 ……… 165
年　譜 ……… 169
参考文献 ……… 170
撮影・図版提供・出典 ……… 171
謝辞ほか ……… 172

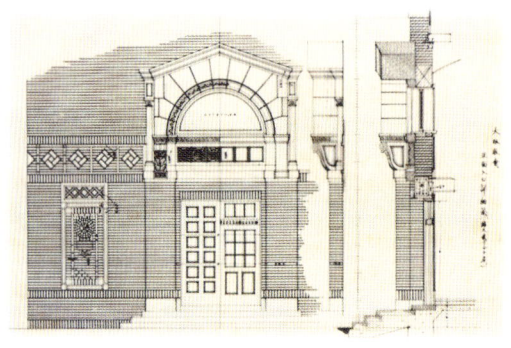

I
湖国のユートピア

　ヴォーリズは、明治38年(1905)に滋賀県立商業学校(現在の滋賀県立八幡商業高等学校)にアメリカのYMCAから派遣された英語教師として来日し、それ以来、活動の拠点をこの湖国の町・近江八幡に定め、近江兄弟社の事業を興し発展させた。

　ヴォーリズは教師在職中から熱心にバイブルクラスを開いており、その延長として近江八幡にYMCA会館(明治40年〈1908〉竣工、現在のアンドリュース記念館)の建築を計画していた。教職を解雇された後は、教え子・吉田悦蔵らとともに建築活動を始め、明治44年(1911)に近江ミッション(後の近江兄弟社)を設立する。近江ミッションは伝道活動とともに、建築事業やメンソレータムの販売事業などの活動を行った。キリスト教建築の事業としては、琵琶湖畔にいくつもの基督教会館を設立し、また近江八幡の池田町を中心に西洋館住宅を数多く建てており、ヴォーリズ自身の住居(現在のヴォーリズ記念館)も残されている。

　それらの建築は近江の自然を背景として互いに連なり、神の国を謳歌し、生活を健やかに改めようとするものであった。

ヴォーリズ記念館
（旧ヴォーリズ邸）

昭和6年(1931)
近江八幡市慈恩寺町
木造2階建て
滋賀県指定文化財

昭和6年、清友園幼稚園の建物と同時に、隣接して建てられたもので、ヴォーリズ夫妻の住宅と一部に寄宿室を備えた建物。この遺邸は(財)近江兄弟社に継がれるとともに、ヴォーリズ夫妻の生活を伝える記念館として活用されている。

道路側外観　建築当初は切妻屋根、2階の角はヴェランダであった

談話室　奥には和室が設けられている

2階洋室

近江兄弟社学園 ハイド記念館
（旧清友園幼稚園・教育会館）

昭和6年(1931)
近江八幡市市井町
木造2階建て
登録有形文化財

一柳満喜子によって大正11年に開かれた清友園から発展した幼稚園の建物で、建築費を寄付したメンソレータム社のハイド家を記念してハイド記念館と呼ばれている。優れた設備と環境を備えた昭和初期の幼稚園として名高い。

旧清友園幼稚園の外観　荒いスタッコ壁と腰の低い大型の窓に特色がある

旧教育会館に設けられた講堂兼体育館

吉田邸

大正2年(1913)
近江八幡市池田町
木造2階建て、一部3階建て
滋賀県指定文化財

ヴォーリズが商業学校英語教師に着任時に出会った第一の教え子で、キリスト教活動のパートナーとなった吉田悦蔵の住宅。腰折れ屋根のコロニアル・スタイルによる住宅で、大正14年、昭和5年の増築を経て、現在もよく当初の様子を伝えている。

南西面外観　西側の平屋建物は当地に移築した和館

玄関内部　窓下に腰掛けが備えられている

2階和室入口の日本画が描かれた板戸

居間　暖炉飾りの絵画は建築技師チェーピンの作といわれている。家具、調度の多くも当時と変わっていない

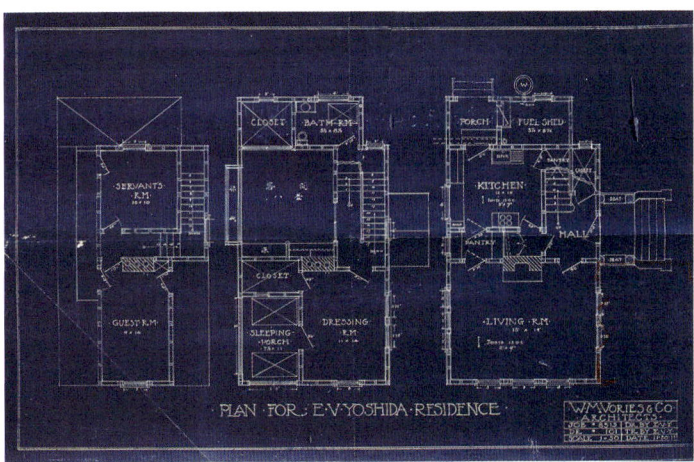

各階平面図

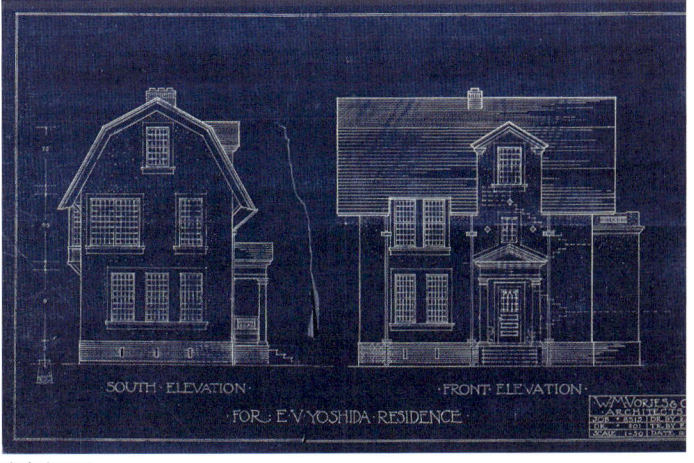

東南立面図

旧近江ミッション・ダブルハウス

大正10年(1921)
近江八幡市池田町
木造2階建て、一部3階建て

池田町に大正3年建築されたヴォーリズ邸につづいて、大正10年にダブルハウスが建てられた。煉瓦壁を挟んで、対称形の間取りの2軒が接する二戸一住宅である。屋根裏に3階を納めた大きな寄棟屋根と煉瓦積みの煙突が好ましい住宅風景をつくっている。

庭側外観　隣接していたヴォーリズ邸は失われたが、緑の環境は変わっていない

居間

サンルーム

近江ミッション住宅　大正中期の模型（縮尺1/50）　近江八幡市池田町
約1千坪の敷地があり、左から吉田邸、ウォーターハウス邸、ヴォーリズ邸、近江ミッション・ダブルハウスの4棟が並び、裏にはテニスコートがある

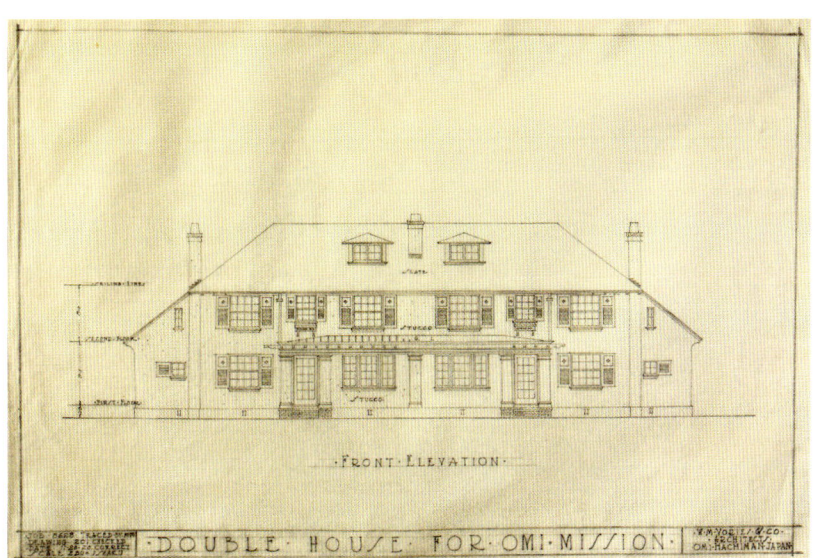

立面図

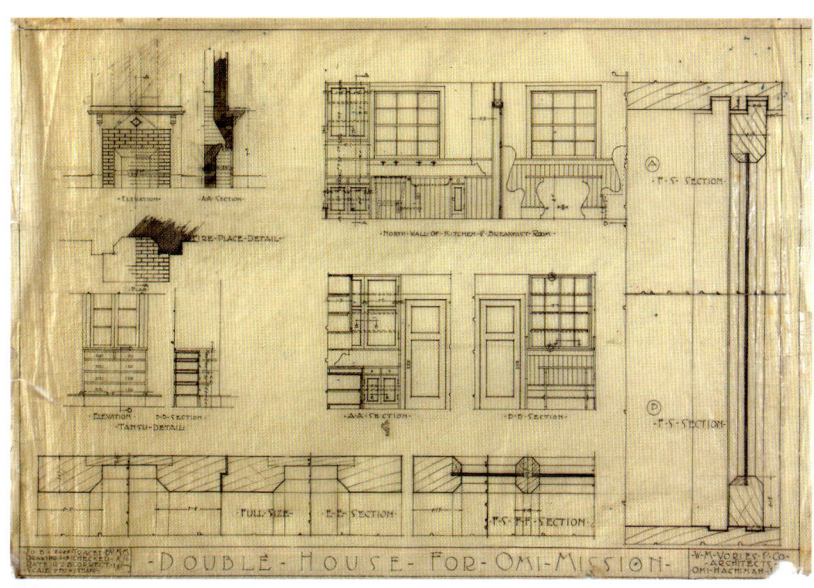

詳細図

旧佐藤邸

昭和6年(1931)
近江八幡市土田町
木造2階建て
登録有形文化財

ヴォーリズ合名会社に明治44年に入り、建築デザインに天性の才を発揮し活躍した建築部員佐藤久勝が残した自邸。昭和7年に急逝した後、親しい同僚の前田重次に受け継がれた住宅で、趣味の深いデザインが各所に工夫されていた。

居間

居間に置かれたステンドグラスの円窓意匠図

クラブハリエ日牟禮館（旧忠田邸）

昭和11年（1936）
近江八幡市宮内町
木造2階建て

大阪朝日新聞社で活躍した忠田兵造が、後半生の住まいとして郷里に建てた住宅。八幡山の麓、緑豊かな環境にあり、和洋の融合した設計に趣きがある。平成15年、当地の洋菓子店により再生活用がなされている。

外観　まことに素直な建築であるが、庭の緑が美を添えている

堅実にしてモダンな構成の和室

日本基督教団堅田教会
(旧堅田基督教会館)

昭和5年(1930)
大津市本堅田
木造2階建て
登録有形文化財

近江ミッションによるキリスト教活動は伝道船ガリラヤ丸により湖畔の町々に広がり、昭和初期には堅田、今津、米原など各地に基督教会館が開設された。簡素だが地域に根づく良質の建物で、それぞれ後年独立し、キリスト教会となっている。

外観 チューダーアーチを用いた玄関や2階の窓に特色がある

日本基督教団今津教会・今津幼稚園
（旧今津基督教会館）

昭和9年(1934)
高島市今津町今津
木造2階建て
登録有形文化財

日本基督教団堅田教会参照。

外観　スタッコ仕上の大きな妻壁と塔の方形屋根に表情がある

礼拝堂内部

1階窓

日本基督教団大津教会・愛光幼稚園
（旧大津基督教同胞教会）

昭和3年（1928）
大津市末広町
木造2階建て、塔は3階建て

県下において歴史のあるプロテスタントの教会で、大正期に大津に着任したニップ宣教師の協力により建築された。礼拝堂とともに、集会室および大正期創立の歴史をもつ愛光幼稚園の園舎を一体とした計画に特色がある。木造であるが、大阪教会に似る4層の塔を備えている。

外観　正面は教会堂、背面は幼稚園

幼稚園側の外観

玄関上部の装飾

旧水口図書館

昭和 3 年（1928）
甲賀市水口町本町
鉄筋コンクリート造 2 階建て
登録有形文化財

篤志家の寄付で建てられた図書館で水口小学校前にあり、地域のシンボル的建物。平成 16 年に修復工事が行われ再生活用がなされている。近在の水口教会もヴォーリズの建築。

外観　塔頂部のランタンは修復で再生されたところ

玄関上部の装飾

米原市醒井宿資料館
（旧醒井郵便局舎）

大正4年(1915)
昭和9年(1934)正面部改築
米原市醒井
木造2階建て
登録有形文化財

中山道の宿場町だった醒井に残されたモダンな郵便局で、「醒井の里づくり事業」（平成11年）で再生されたもの。駅に近く、来訪者のタウンガイド所としても活躍している。大正4年創建時にヴォーリズが設計したことは明らかであり、昭和9年の改築設計も同様に見られるが、いまだ建築履歴において興味深い謎も残している。

中山道に面する旧局舎の外観

内部

旧八幡郵便局舎

大正10年(1921)
近江八幡市仲屋町
木造2階建て

既存の町家の前面に増築されたヴォーリズ建築で、小品であるがわが国でのスパニッシュの初期の作例としても注目されるもの。この郵便局舎の再生はNPO「一粒の会」の活動で知られ、平成16年に玄関部分が復元されている。

正面外観　曲線を描く妻壁、軒裏の化粧垂木にスパニッシュ・ミッション式の特色がある

立面図

100 years of W.M.Vories' Works

Column

ヴォーリズの暖炉

ヴォーリズの住居論『吾家の設計』に、「西洋の居間におけるファイアプレースは日本のお座敷における床の間と同じく、1年に3〜4回しか焚かないでも、これがなくてはその家の釣り合いがとれない、何か物足りない感じがします。のみならず」暖房機の故障の時や、春秋の急に寒さを感じる時には「実際に役立たせることができる」という言葉がある。装飾と有用性とを切り離して考えることのなかったヴォーリズらしい説明である。

かつて「床の間は心の置き場所」という話に納得したことがある。とすれば、暖炉は床の間と同じように、単に暖房の道具という実用性を超えて、住まう人のこころの置き場所となり、人と人との精神的交流の拠り所としての意味を担う。リヴィング・ルームとはそのような場所なのである。「台所と寝室があれば家です。けれども、家とホームは違います。居間ができて初めてホームの資格になる」。ヴォーリズの住居論は建築がハウスであることを超えて、すべからくホームであることを前提としている。

暖炉は住宅だけのものではない。人の住まうすべての建築には、住宅における居間にあたる場所がある。学校の集会室や会議室、幼稚園の保育室にも暖炉が備えられた。ヴォーリズにとって、すべての建築が広義において単なるハウスではなく、人と人とが出会い、交流するホームであった。

京都北白川の駒井家住宅の居間（本書76ページ）には、ヴォーリズの住宅建築としては例外的に暖炉がない。東山を借景にした庭を背に、備え付けのベンチのあるベイ・ウインドウが居間の中央にあって、「人が仲良くなる家」と訪れる人が異口同音に評する言葉どおりの居心地のよいリヴィング・ルームを完結させている。

ヴォーリズ建築は、人が共通にもつ根源的な、ある種の懐かしさを備えている。それはまた、画一的ではなく、人が個性をもつように個性がある。ヴォーリズ建築の暖炉は、大きさ、材料、工法、色彩、意匠と、実に多種多様である。それぞれが、住まう人間と同様にかけがえのないオリジナルの存在でありながら、そのいずれもが、おしゃれで、出しゃばらず、あたたかな、ヴォーリズ建築特有の風合いを表現している。

ヴォーリズは言う、「住宅の美的思想は、主として居間に於いて現れる……」。

（石田忠範）

朝吹別荘の暖炉
軽井沢特有の浅間石のアーチに、様式的ブラケットで支えられて安定感のある木製の棚が載せられている。

神戸女学院社交館の暖炉
泰山タイル（清水焼）にオークの棚が和みの場をつくる。

II
ミッション建築家として

　ヴォーリズは、大正・昭和初期にかけて、多数のプロテスタント関係の建築を手がけた。教会堂をはじめ、40を超えるミッションスクールなど、ヴォーリズ建築を特色づけ、その代表作ともなる建築物が数多く残されている。キリスト教伝道を活動の基盤としたヴォーリズにとって、これらの建築の設計は、その使命感と理想にもとづき、建築家としての創造力を発揮したものになっている。

　教会建築としては、大正初期の煉瓦造りのもの、昭和初期の鉄筋コンクリート構造を主体とした作品が主であり、その他に木造の簡素な小教会堂も知られている。

　ミッションスクールの建築では、多くの場合、キャンパスプランニングをともなう校舎群の計画を行っており、校舎のみならず、グラウンドや周囲の自然環境も含めてキャンパスの果たす教育的機能に充分な配慮をしながら設計している。

日本基督教団
福島教会
（旧福島日本基督教会）

明治42年(1909)
福島市宮下町
煉瓦造2階建て、塔は3階建て

現在確認されているヴォーリズの建築では滋賀県外における最初の設計作品。ヴォーリズは来日4年目、28歳の時で、アマチュア建築家からの出発といわれる氏の活動履歴において重要な建築。平成23年の東日本大震災で被災し、建て替えられた。

外観

礼拝堂内部　講壇上部のアーチの構成、素朴な柱頭飾りなど珍しい意匠を備えていた

日本基督教団
京都御幸町教会
（旧日本メソジスト京都中央教会）

大正2年(1913)
京都市中京区御幸町通二条下ル
煉瓦造2階建て
京都市指定文化財

福島教会(明治42年)につづく初期煉瓦造のキリスト教会堂。正面の意匠は平明簡潔な構成であるが、細部の手堅い意匠と木造屋根の納まりに特色がある。平成10年に改修・補強工事がなされた。

外観　縦格子を用いたアーチ窓が清楚な建築を特色づけている

礼拝堂内部

京都大学 YMCA会館

大正3年(1914)頃
京都市左京区吉田牛ノ宮町
煉瓦および木造2階建て
登録有形文化財

ヴォーリズの最初の設計作品が近江八幡YMCA会館（明治40年）であったことが示すように、ヴォーリズはYMCA、YWCAに関係する多くの建築を残していた。その代表的な建築として、赤煉瓦の神戸YMCA会館（大正11年）、鉄筋コンクリート建築の大阪YMCA会館（大正14年）などが挙げられるが、すでに大半の建築が建て替えにより消失している。

このYMCA会館は煉瓦と木造による初期的な構法と、コロニアル様式をとるクラシカルな会館建築としての歴史的価値が高く、平成15年（2003）に修復再生されている。かつて敷地内には同時期の建築による木造の寄宿舎（地塩寮）があり、隣接して京都府立医科大学YMCAの寄宿舎もあった。

外観

ホール

明治学院礼拝堂

大正 5 年（1916）
東京港区白金台
煉瓦造 2 階建て
港区指定文化財

明治学院キャンパスの入口近くに位置してシンボル的存在となっている赤煉瓦造の礼拝堂。礼拝堂翼部は昭和 9 年の増築によるなど変遷があるが、平成 20 年に本格的な補強修復工事が行われた。竣工から 3 年後の大正 8 年に、ヴォーリズ夫妻の結婚式が行われたことでも知られている。

外観

内部

日本基督教団 大阪教会

大正 11 年（1922）
大阪市西区江戸堀
鉄骨鉄筋コンクリート併用煉瓦造
3 階建て、塔は 6 階建て
登録有形文化財

赤煉瓦造で半円のアーチ窓を多用したロマネスク様式の建築で、ヴォーリズによるキリスト教会堂建築の代表的作品。礼拝堂は 2 階に置かれ、側廊をもつ 3 廊式の平面形をとり、キングポストトラスの木造小屋組みと、半円アーチのプロセニアムアーチなどに特色がある。

外観　焼きすぎ煉瓦による外壁には緻密な表現が工夫されている

階段　ステンドグラスは玄関上部に位置するもので、近年復元されたもの

礼拝堂内部

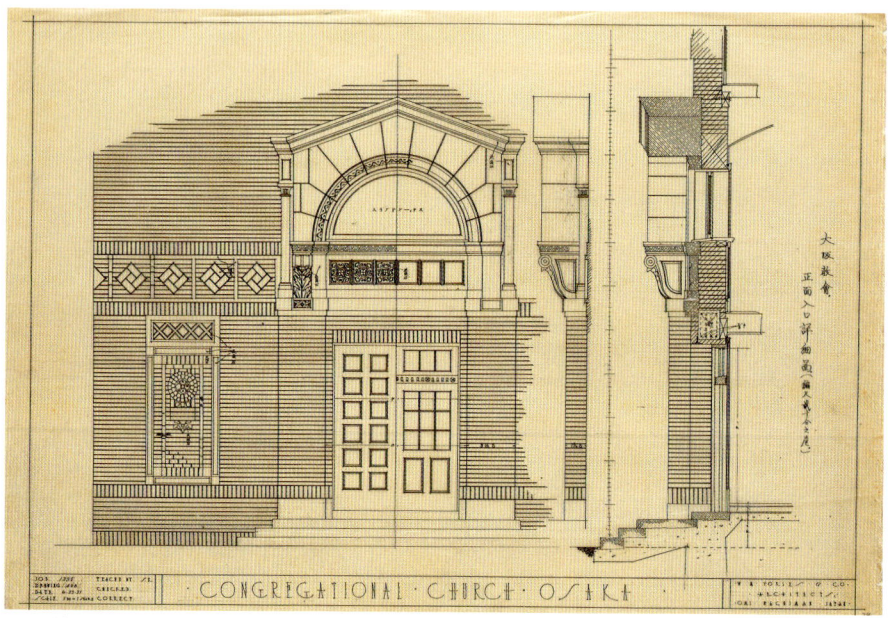
入口詳細図

断面図

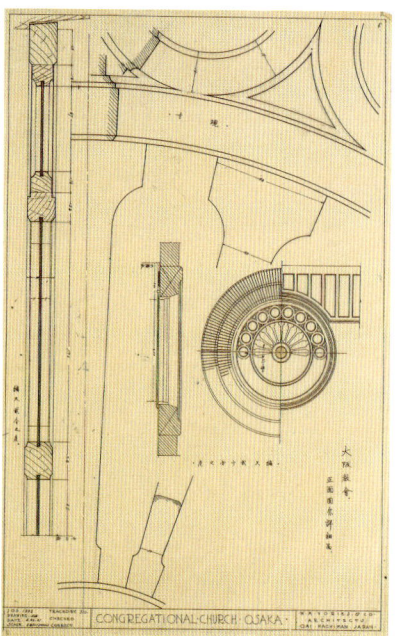
円窓詳細図

西南学院大学博物館
（旧西南学院本館）

大正10年（1921）
福岡市早良区西新
煉瓦造3階建て
福岡市指定有形文化財

かつて緑の蔦に覆われていた煉瓦壁の間に整然と並ぶガラス窓が美しい米国コロニアル様式の建物。平成18年に保存のための補強修復工事でスレート葺屋根も復元され、博物館として再生されている。ヴォーリズの煉瓦造建築で、大阪教会に先行する初期作品として重要なもの。

外観　玄関上部や軒裏の表現などにコロニアル様式の特色をみる

講堂内部

九州学院高等学校講堂兼礼拝堂

大正14年(1925)
熊本市大江
鉄筋コンクリート造2階建て
登録有形文化財

学院創立者のブラウン博士にちなんでブラウン記念講堂と称され、礼拝堂も兼ねる建物。鉄筋コンクリート造による初期の建築で、正面のデザインはロマネスク様式をモダンに扱った特色のあるもの。

内部

外観

活水学院本館・講堂

本館：大正 15 年（1926）
講堂：昭和 8 年（1933）
長崎市東山手町
鉄筋コンクリート造 3 階建て

長崎市東山手に聳え建つ赤い屋根の本館校舎は、元ヴォーリズ建築事務所のスタッフで、大正6年に独立したJ. H. ヴォーゲルの設計したもの。そして昭和8年の講堂およびチャペルを配置した増築部はヴォーリズ建築事務所の設計で、本校舎は文字通り両者の共同設計により完成された建築である。

外観

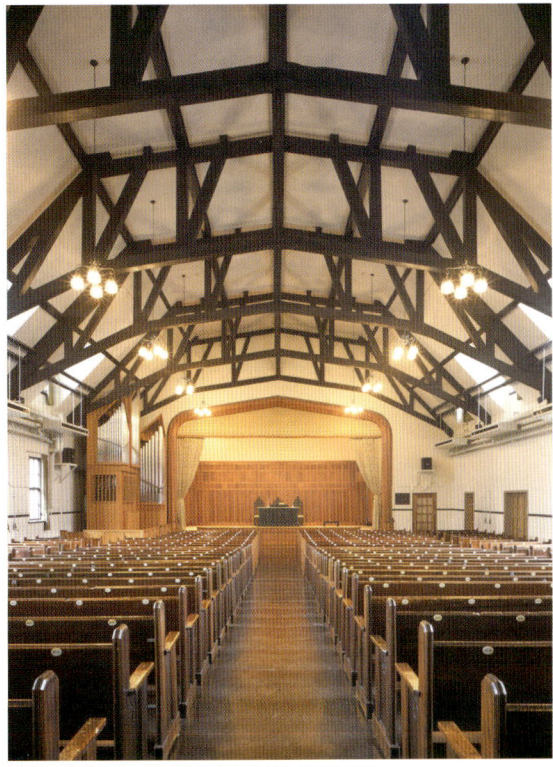

講堂　木造トラスの下半分を表す天井表現は珍しい

ルーテル学院中学・高等学校本館
（旧九州女学院本館）

大正 15 年（1926）
熊本市黒髪
鉄筋コンクリート造 2 階建て、一部 3 階建て
登録有形文化財

本館校舎は礼拝堂を備えた長大な建築。元ヴォーリズ建築事務所のスタッフであった J. H. ヴォーゲルの設計によるもので、お城に近い環境にあり、和風意匠を取り入れた特色ある設計がなされていた。屋根も近年の修理までは和瓦葺であった。

玄関側外観

講堂内部

関西学院　時計台(旧図書館)、文学部校舎、神学部校舎、経済学部校舎、総務館、住宅他

昭和4年(1929)
西宮市上ヶ原一番町
学院本館(総務館)：鉄筋コンクリート造2階建て　昭和11年、昭和29年、昭和58年に増築
時計台(旧図書館)：鉄筋コンクリート造塔屋時計台を有す、2階建て　昭和30年に両翼部増築、登録有形文化財
文学部校舎・神学部校舎・経済学部校舎(高等商業学部校舎)：鉄筋コンクリート造2階建て
商学部校舎(高等商業学部別館)：鉄筋コンクリート造2階建て　昭和9年増築
中学部校舎(予科校舎、昭和8年竣工)：鉄筋コンクリート造2階建て
ハミル館：木造2階建て　原田キャンパスにて大正7年に建築、昭和4年当地へ移築　平成16年に修理再生工事
外国人住宅(宣教師住宅、3タイプ9棟)：木造2階建て

昭和2年より計画され、昭和4年春に竣工した関西学院上ヶ原キャンパス(西宮市)は規模および配置計画にみる特色、そしてデザインの統一性により、ヴォーリズ建築事務所の代表的作品とされている。東西450m、南北350m余りの敷地を有するキャンパス主要部は、中央に長円形の広場(中央芝生)を置き、図書館を正面にして十数棟の校舎と寄宿舎および住宅地より構成されていた。

特色の第一は、緑豊かな環境と広場を囲む校舎の配置計画にある。そして米国カリフォルニアのミッション建築を源とするスパニッシュ・ミッション様式の建築で統一されていることである。その象徴的な建物がキャンパス軸の要に位置する時計台(旧図書館)であり、ドーム屋根の先に聳える甲山で六甲山系につながる広がりをもつキャンパスとなっている。

昭和50年代以降、新校舎の建設により建て替えが進められているが、時計台(旧図書館)の整備など中央広場を囲む主な建築の修復もなされている。

なお本学が明治22年に創立された神戸原田キャンパスにおいても、明治44年の神学館以降、煉瓦造の校舎、木造の宣教師館などヴォーリズの建築を多く擁していた。その旧キャンパスから移築され保存再生されているものにハミル館(大正7年)がある。

中央芝生　緩やかに登る芝の広場の先に甲山が遠望される

図書館ランタン計画のスケッチ

図書館計画案スケッチ

図書館立面図

右ページ
時計台（旧図書館）

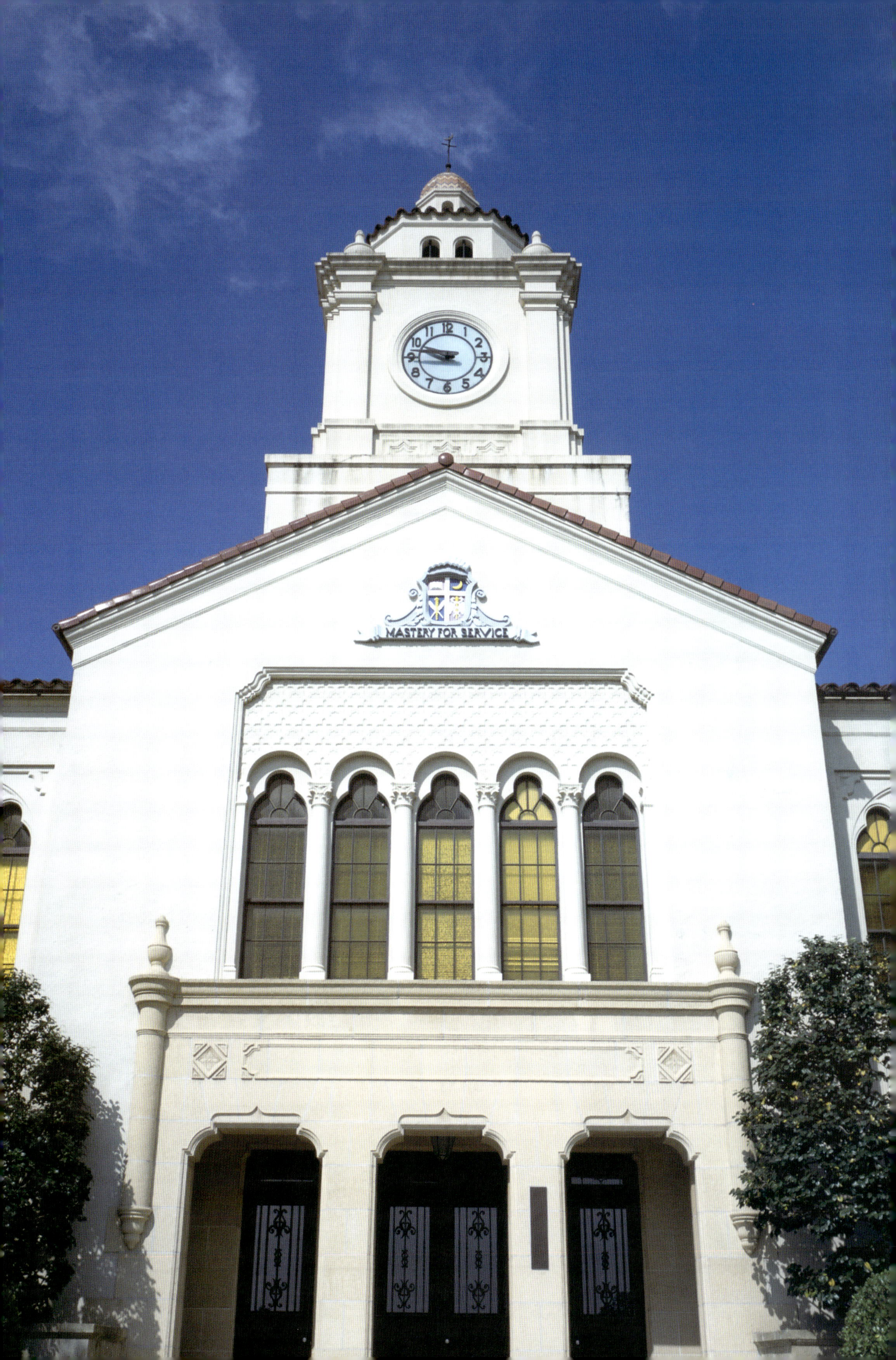
MASTERY FOR SERVICE

文学部正面　陰影を宿す装飾が建物に立体的な表情を与えている

かつての中央講堂外観

文学部校舎側面入口詳細図

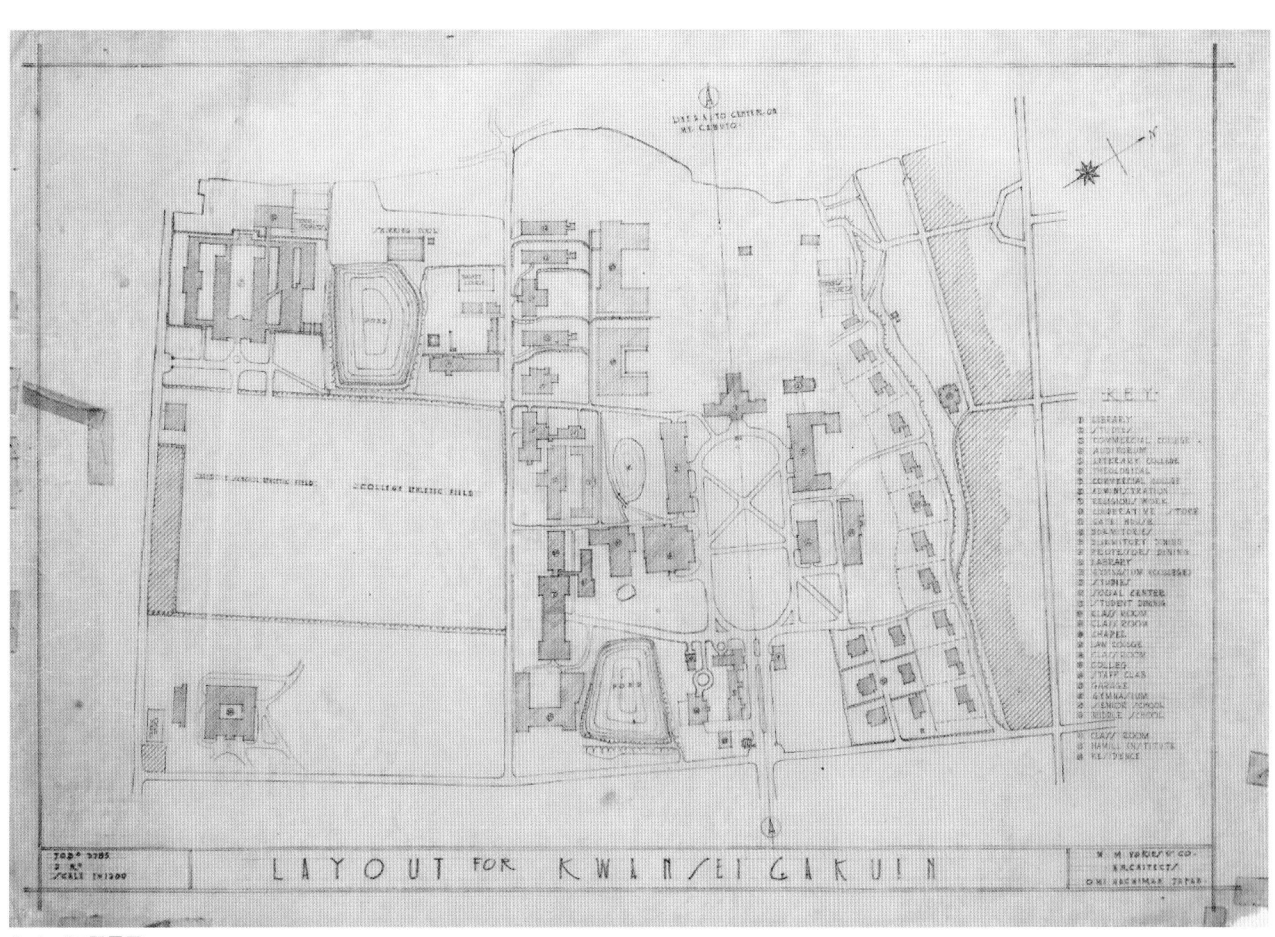

キャンパス配置図

神戸女学院　総務館、講堂、チャペル、文学館、理学館、図書館、音楽館、体育館、中高部校舎、ケンウッド館他

昭和8年（1933）
西宮市岡田山
総務館・講堂・チャペル・文学館・理学館・図書館・中高部1号館：
鉄筋コンクリート造2階建て
社交館・音楽館：鉄筋コンクリート造3階建て
体育館：鉄筋コンクリート造鉄骨小屋組、地階および2階建て
ケンウッド館・エッジウッド館：木造2階建て
正門：木造平屋建て
重要文化財

明治8年神戸に開校した歴史をもつ神戸女学院は、昭和4年よりヴォーリズ建築事務所による岡田山キャンパス（西宮）の計画が着手され、昭和8年春に竣工している。

自然の地形を活かした環境と建築デザインの多彩さにより、関西学院と並ぶ、ヴォーリズによる学校建築の代表的作品とされている。約4万坪の校地に当初18棟の建築で構成され、その多くが現在も変わらずみごとに維持活用されている。

キャンパスは岡田山の丘を行く沿道に沿って展開し、まず音楽館前のロータリーに至る。そこからさらに林間の道をゆき、丘上に拓かれたキャンパス中心部に達する。主要部は中庭を囲む4棟の建物であり、中央に池泉を配した中庭は静かにして華やかな空間となっている。北側には明るいグラウンドおよび中高部の校舎、そして住宅地区が緑豊かな環境のなかに設けられている。なお、宣教師住宅ケンウッド館に隣接する茶室松風庵（昭和15年）は、平成7年の阪神淡路大震災後、須磨の旧室谷家住宅から当地に移築再生されたものである。

中庭

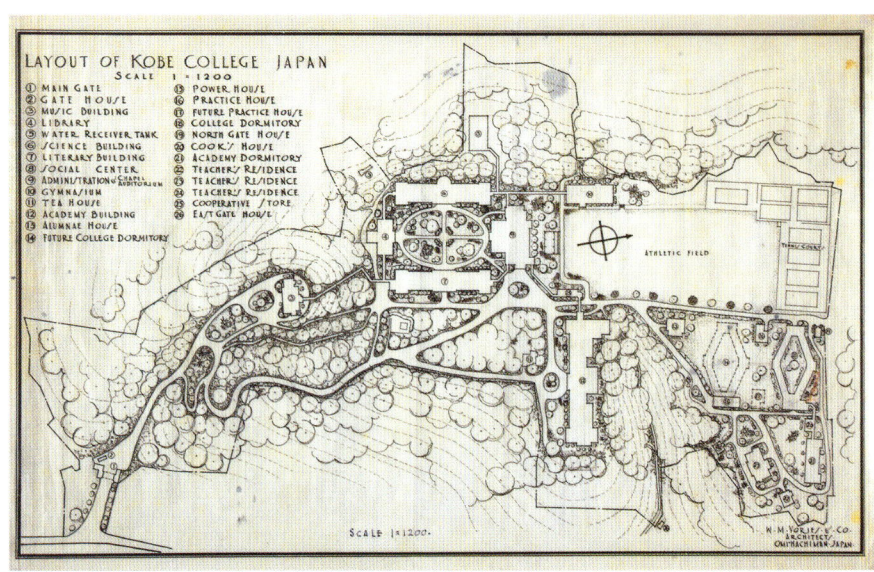

キャンパス配置計画図

右ページ
チャペル

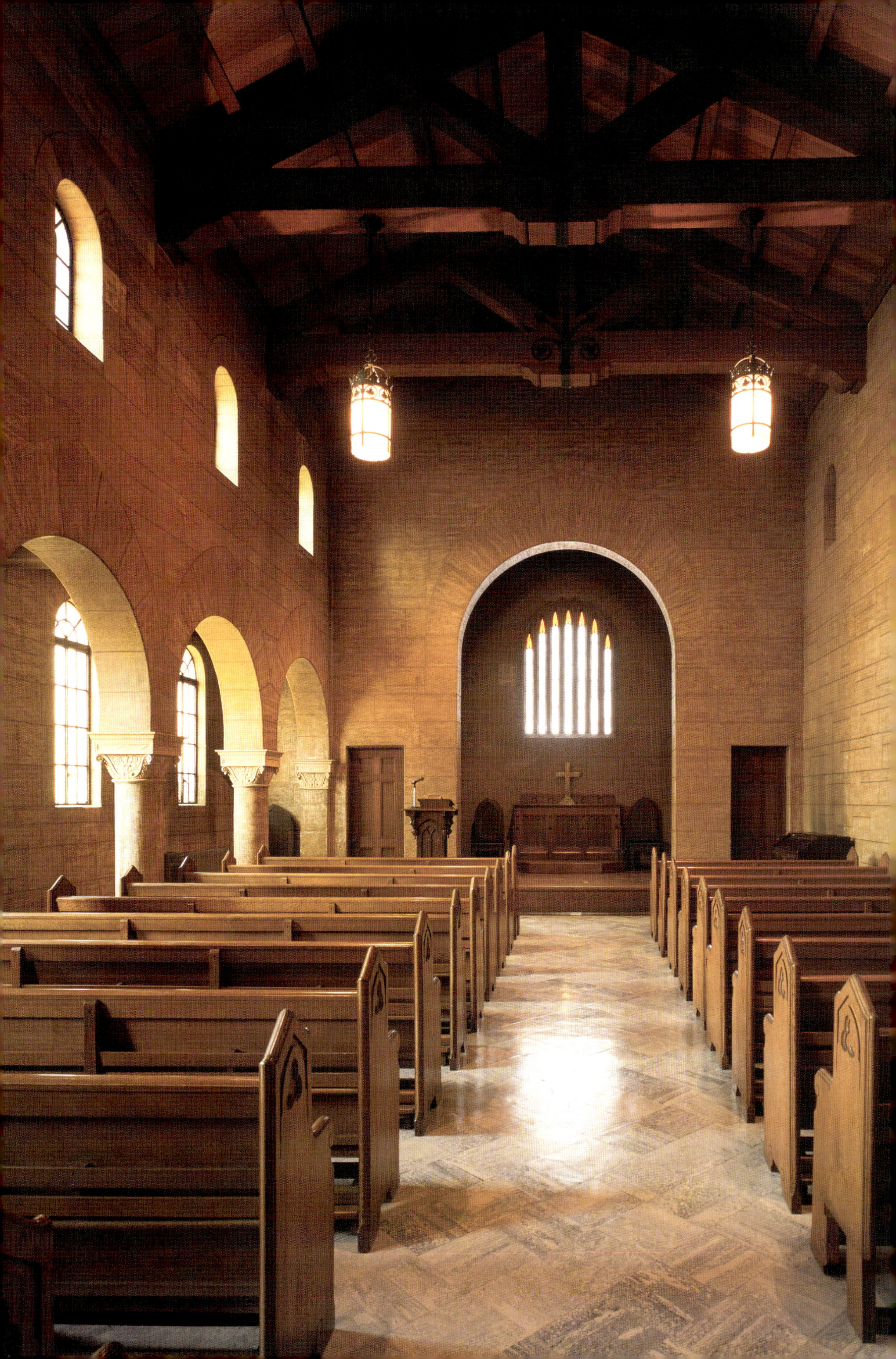

講堂外観

講堂内部　舞台を縁取る半円形のプロセニアムアーチ、両脇のアラベスク模様の円窓が華やかさを与えている

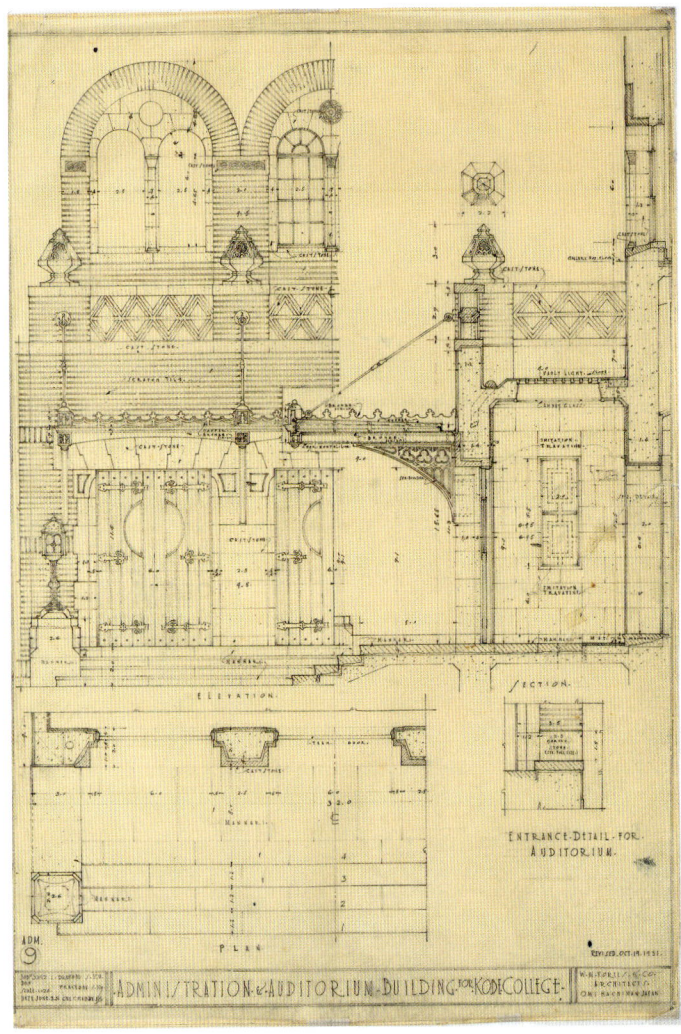

講堂入口詳細図

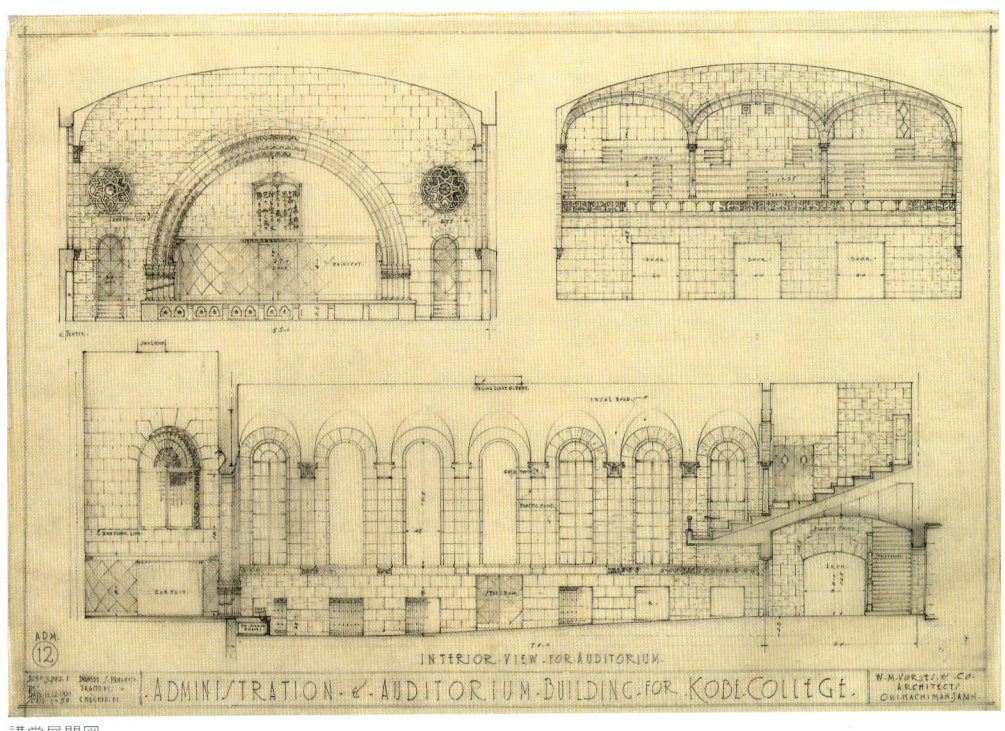

講堂展開図

音楽館計画案スケッチ

総務館計画案スケッチ

音楽館計画案スケッチ

理科学館計画案スケッチ

講堂内部計画案スケッチ

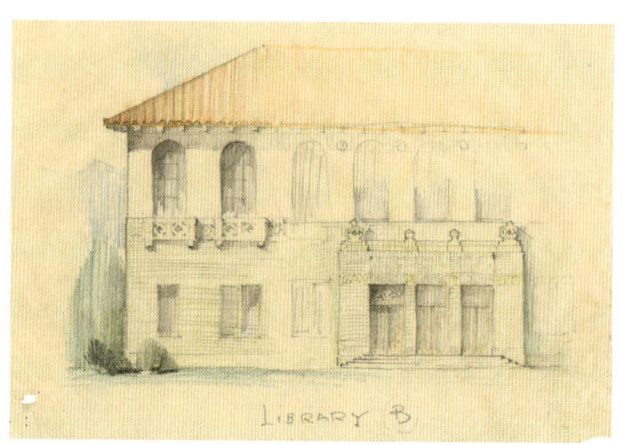

図書館計画案スケッチ

図書館2階閲覧室

横浜共立学園本館

昭和6年(1931)
横浜市中区山手町
木造2階建て、一部3階建て
横浜市指定文化財

横浜山手の住宅地に位置する本校は、明治5年開校の歴史をもつミッション・スクール。木造の大きな校舎で、スパニッシュとハーフティンバー・スタイルをあわせもつ意匠に特色がある。清楚な白壁と暖かみのある木製の窓枠意匠の調和がすばらしい。

正面外観　対称形の形に変化を与えて柔らかな構成としている

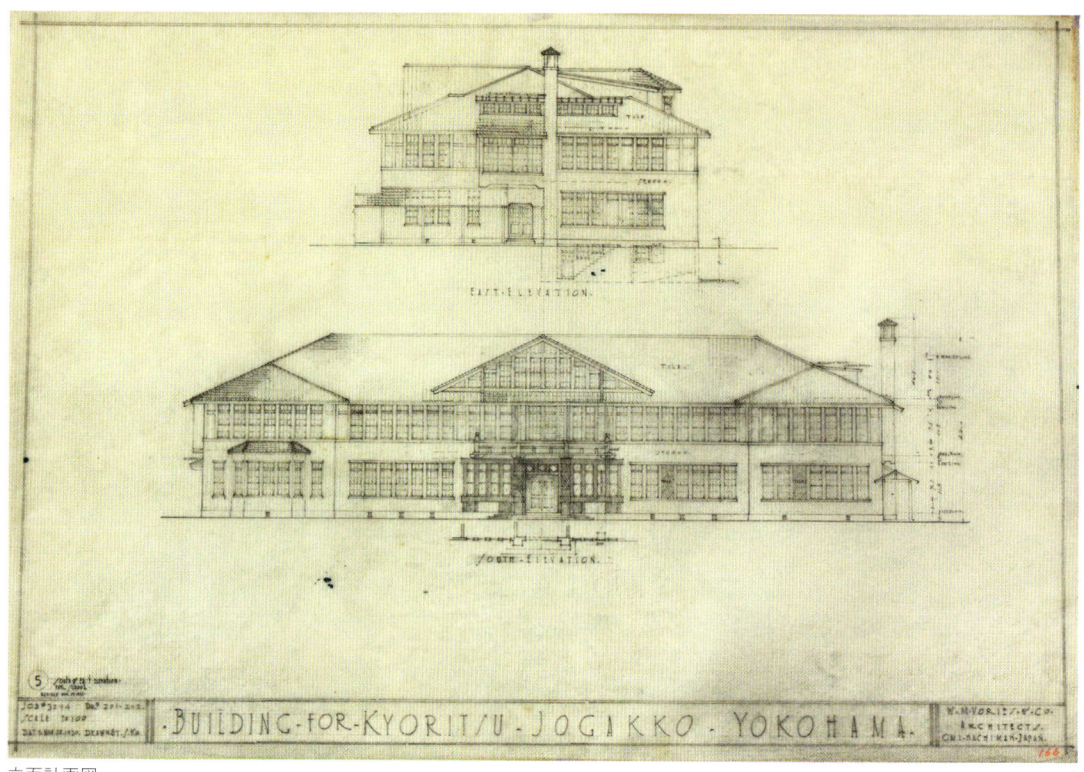

立面計画図

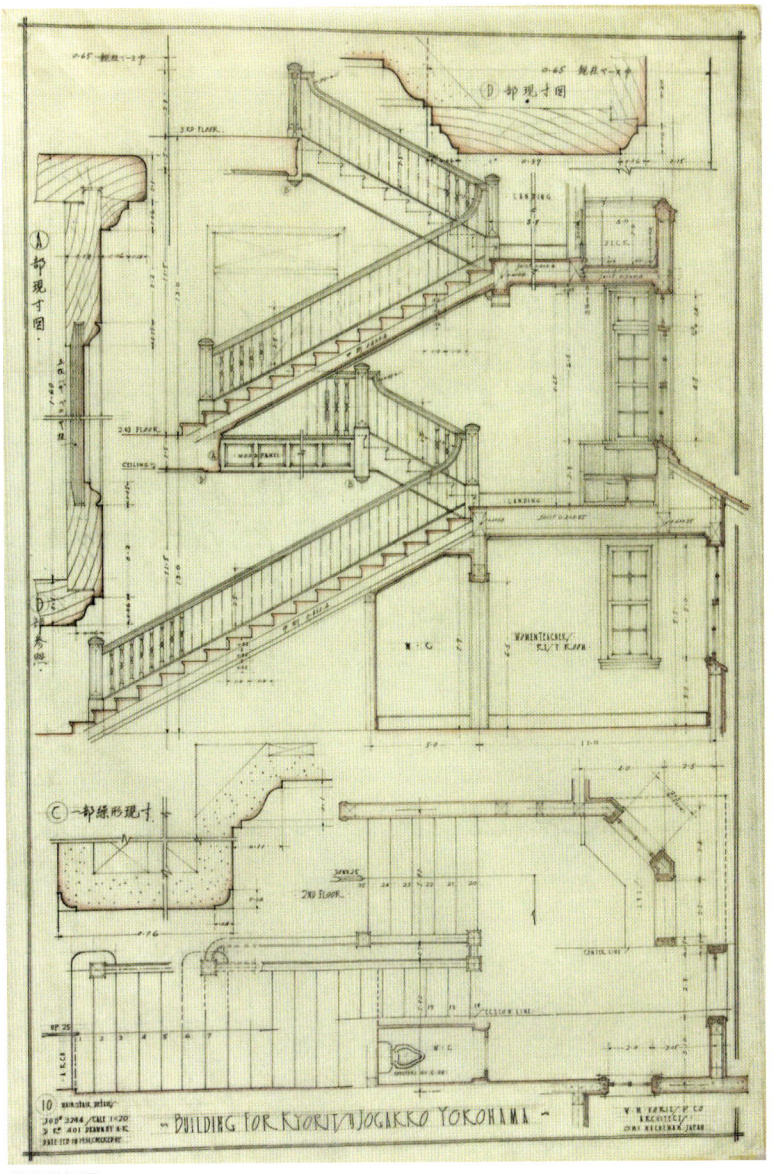

階段詳細図

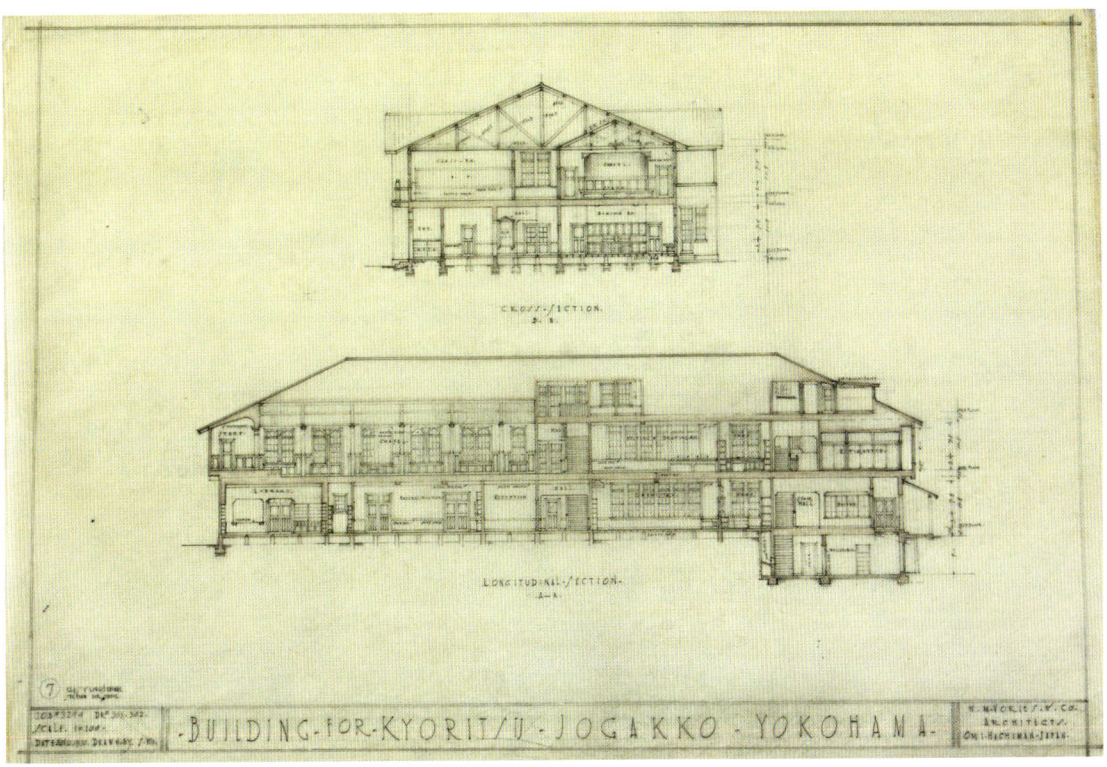

断面図

同志社大学アーモスト館

昭和7年（1932）
京都市上京区今出川通烏丸東入
鉄筋コンクリート造煉瓦張り3階建て
登録有形文化財

新島襄の母校アーモスト大学との交流のシンボルであり、米国の伝統的建築様式の一つであるコロニアル・スタイルをとる学生寮建築である。赤煉瓦の歴史様式建築であるが、鉄筋コンクリート造による構造や暖房設備も充実していた。同志社には他に致遠館および啓明館（旧図書館）など、大正期のヴォーリズの建築がある。

妻面外観　腰折れ屋根の大きな妻壁、サンルームの屋上デッキの水平線が印象深い

談話室　浅いレリーフ装飾が特色のアダム様式に倣ったエレガントなインテリア

談話室内ガラス戸

東洋英和女学院本館

昭和8年(1933)
東京港区六本木
鉄筋コンクリート造4階建て

明治期から六本木鳥居坂に開校する本校は、伝統ある名門ミッション・スクールの一つ。昭和8年に竣工した本館は、ヴォーリズの代表作として知られる神戸女学院と同年に建築されたもので、共に優れた意匠の学校建築である。本館建築は平成6年に外観を再現したデザインで建て替えられている。

外観

玄関内部

講堂　緩い曲面をなす天井には繊細にしてカラフルな模様が施されている

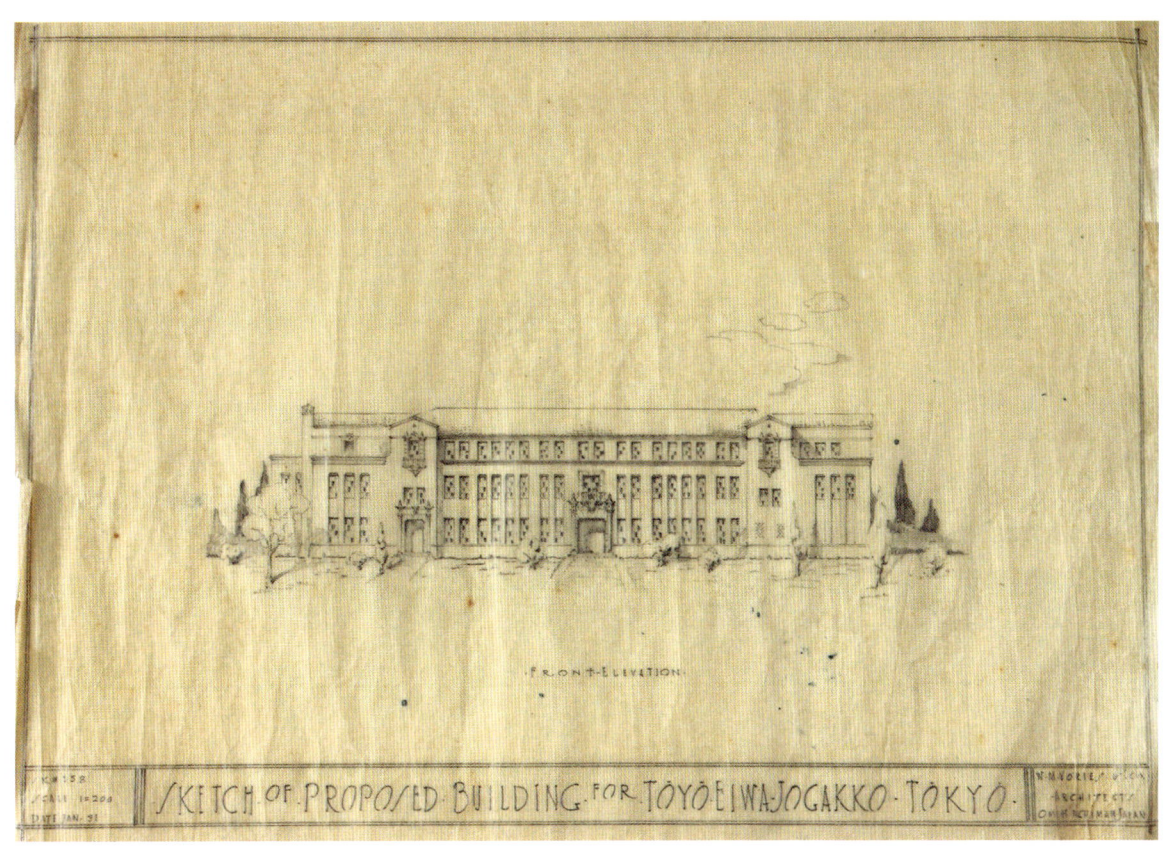

立面計画案スケッチ

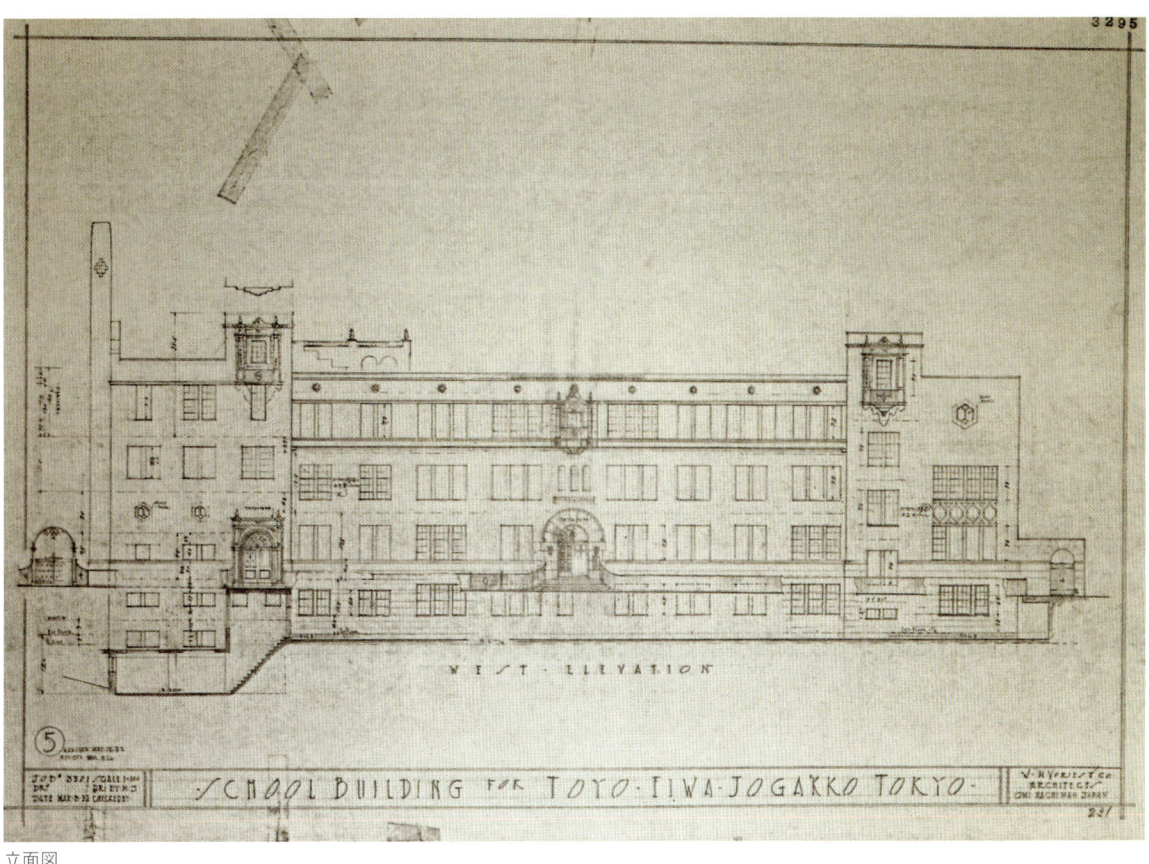

立面図

豊郷小学校
（旧豊郷尋常高等小学校）

昭和12年（1937）
滋賀県犬上郡豊郷町石畑
鉄筋コンクリート造2階建て、
一部3階建て
登録有形文化財

当地出身の事業家古川鐵治郎の寄付により建築されたもので、長大な本館の他、図書館、講堂など、鉄筋コンクリート造の校舎群を整然と広い校地に配置した学校。ヴォーリズによる珍しい公立小学校の作例であり、階段手摺を飾る「ウサギとカメ」は本校のシンボルとされている。

図書館内部　大きな吹き抜け空間とアール・デコの手摺が特別な空間としている

豊郷小学校
（旧豊郷尋常高等小学校）
滋賀県犬上郡豊郷町石畑
階段

階段手摺飾り

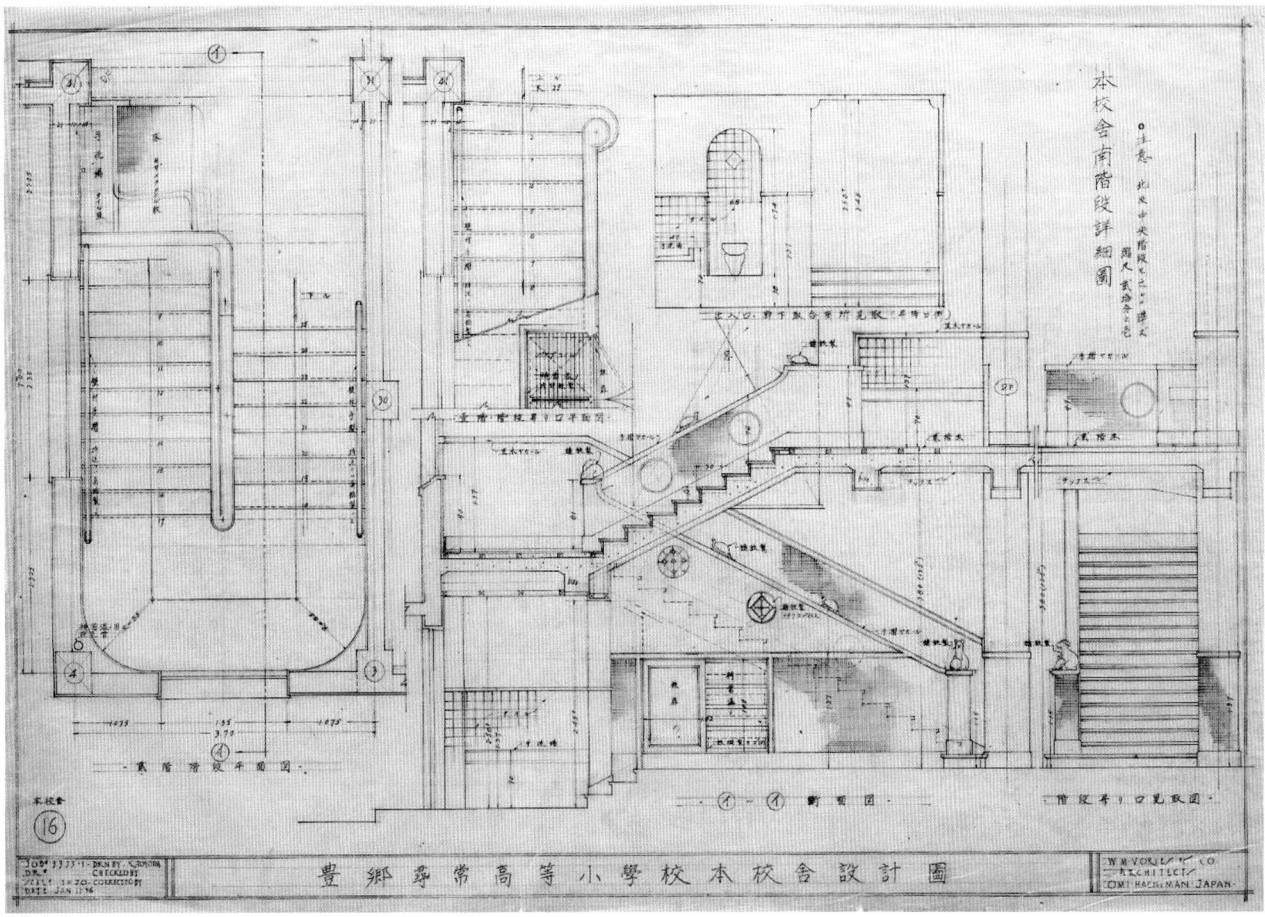

階段詳細図

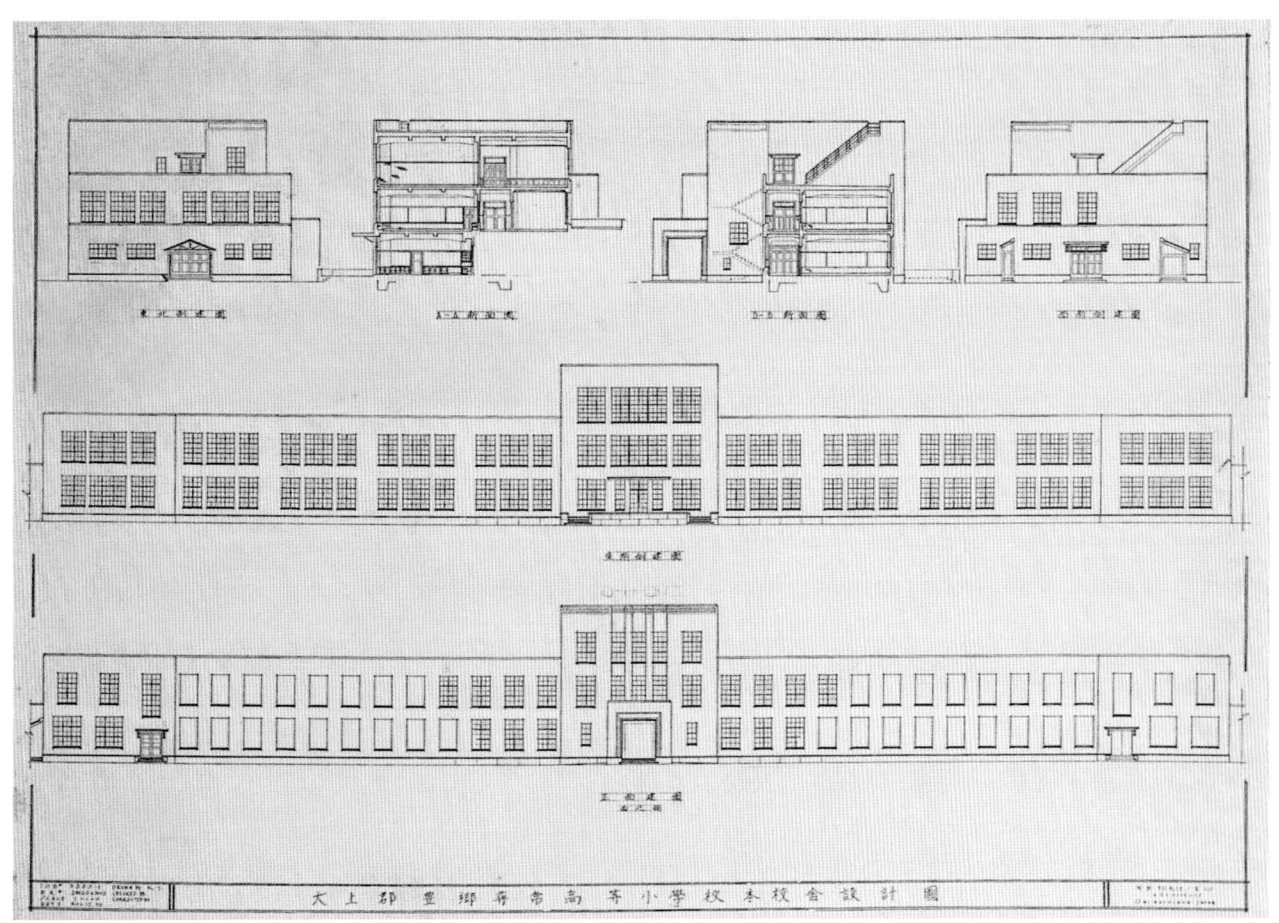

本館立体図・断面図

大阪女学院高等学校校舎・ヘールチャペル

昭和26年(1951)
大阪市中央区玉造
鉄筋コンクリート造3階建て、
一部4階建て
登録有形文化財(ヘールチャペル)

本校は明治17年にウィルミナ女学校として大阪川口に創立された学校である。ヴォーリズは大正期に入る頃から木造校舎の建築を残しているが、ほとんどすべてを戦火で焼失している。高等学校の北校舎とヘールチャペルは戦後復興期に建てられた鉄筋コンクリート建築で、デザイン的にもフラットルーフと水平の庇によって明るく機能性を鮮明にしたものであった。こうした戦後建築もすでに半世紀を経て、新しい伝統となっている。

ヘールチャペル外観

高等学校校舎外観

啓聖高等学校
（ケーソン）

1933 年
大韓民国大邱市（テグ）
煉瓦および鉄筋コンクリート造 3 階建て

ヴォーリズの建築活動はその初期の頃より、朝鮮半島、中国、台湾にも展開されており、それら東アジア地域での建築記録は 150 件以上を数えている。とりわけ韓国での活動は盛んで、京城（ソウル）を中心に主要な都市でミッション・スクール、キリスト教会堂、病院などミッションに関係する建築を多く残している。そうした活動や韓国人との交流を通してヴォーリズ建築事務所には二人の韓国人所員を迎えており、1937 年には京城出張所を設けるに至った。

そうした韓国における建築作品を代表するものが梨花女子大学校のキャンパスであるが、ほかにも現存し活用されている建築に赤煉瓦の啓聖高等学校、石造式の安東教会などがある。啓聖高等学校の建築は 1932 年に設計されたもので、玄関両脇部にたつ城郭風の塔に特色がある。当初は 2 階建てだったが、後年に 3 階が増築されている。

啓聖高等学校正面

安東教会
（アンドン）

1937 年
大韓民国安東市（アンドン）
石および鉄筋コンクリート造 3 階建て

安東教会は荒い石積外壁と半円アーチで構成された個性的な特色をもち、2 階に聖堂を設けた大きな教会建築である。設計は啓聖高等学校と同じ年であったが、建築までの期間に一部設計変更が加えられ、1937 年に竣工している。

安東教会正面　石積みの外壁表現は韓国建築によく用いられる工法

梨花女子大学校
(旧梨花女子専門学校)

本館、大学院館(旧音楽館)、保育館、教授研究館(旧寄宿舎)他
1935年
大韓民国ソウル特別市西大門区新村地区
鉄筋コンクリート造

ソウルの西部に位置する梨花女子大学校は韓国屈指の名門女子大学として知られている。本校は20世紀初頭に梨花学堂として創立され、1920年代に入り大学開設を目的に当地の新キャンパス計画が進められた。ヴォーリズによる建築計画は1932年より始まり、スケールの大きなキャンパス・デザインとともに、本館、音楽館、保育館、体育館、寄宿舎、宣教師館等の設計がなされ、翌年に着工、1935年に竣工したものである。

カレッジエート・ゴシックを基調とし、韓国に豊富に産出する花崗岩石積みの外観を特色とする建築で、一部に韓国の伝統的意匠を取り入れた特色ももつ建築群である。これら当時の建築は現在も良好に維持されており、ヴォーリズの建築として知られている。

本館外観

保育館外観

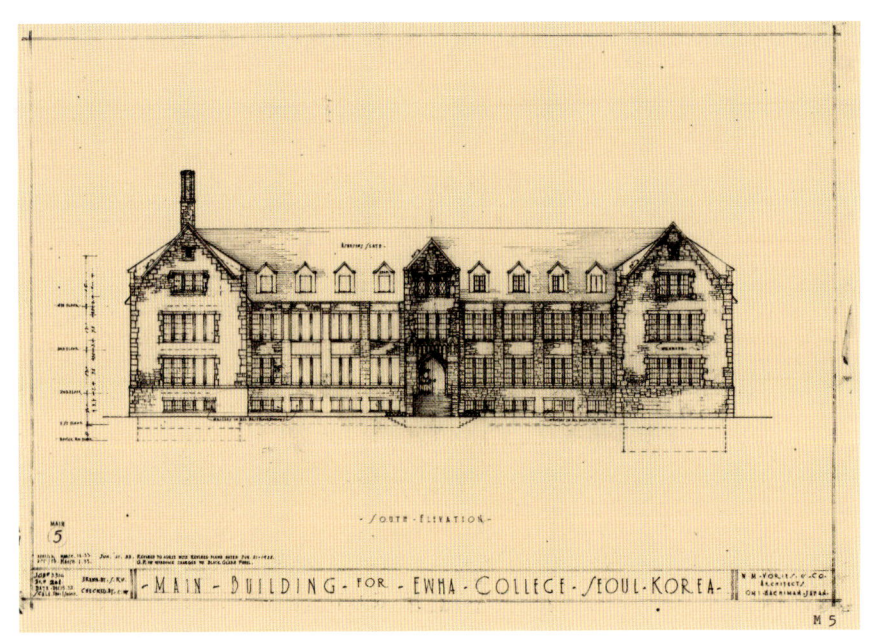

梨花女子本館南側立面図

梨花女子本館南側玄関詳細図

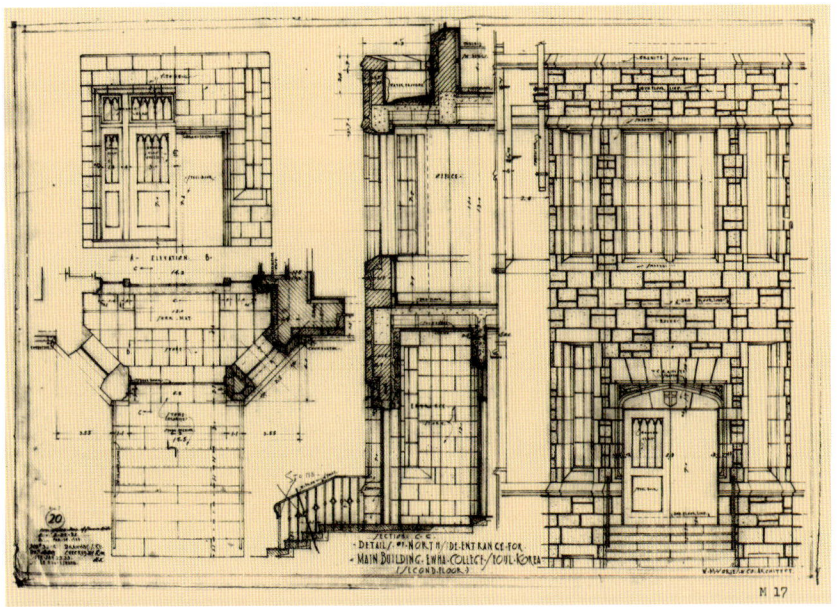

梨花女子本館北側玄関詳細図

100 years of W.M.Vories' Works

Column

ヴォーリズの照明器具

　ヴォーリズの照明計画の最高傑作は、大丸心斎橋店1階メインフロアの建築化照明（本書93ページ）であろう。正方形や三角形を組み合わせた立体的幾何学模様を切りぬいたブロンズの枠が、大理石の間に組み合わされて、建築のエレメントが電球を収めるガラス・ケースになっている。

　自ら光を発する壁となったゴシック大聖堂のステンドグラスのように、建築が光を発する。それは、もはや照明ではない。主要な柱から柱へ梁を渡り、エレベーター・ホールの壁面に跳び、階段室の親柱に至る、光に浸されて光るような大理石は、買い物というハレの場に気品をもたらす。

　戦争は文化を破壊する。太平洋戦争末期の昭和17年に金属回収令が発令され、金属で作られたものはことごとく取り外され、単なる材料として徴用されていった。

　神戸女学院（本書42～47ページ）の場合には門扉や窓の格子、バルコニーの手摺、ラジエーターグリル、階段の手摺子に真鍮ノンスリップ、そして照明器具。

　現在、講堂のロビー中央にある素朴な鍛鉄製のシャンデリアと扉口正面に立つ2対の外灯は、写真を元に復元したものである。講堂の外灯はブリキ板を切り抜いてハンダ付けで、そっくり同じ形の代役が作られていた。執念のように形を模して作られたブリキの外灯から、この時代の人々の苦渋が心にしみるように伝わってきた。平和を回復したこの場所に立つと、私にはミケランジェロによる衣装をまとったヴァチカンの衛兵か、おもちゃの兵隊が敬礼しているように見える。

　大学中庭をめぐる回廊出入口扉の上の、タンパンを飾っていた鍛鉄製の唐草模様のグリルも取り外されて、代わりに合板を丹念に切り抜いて同じシルエットが作られた。現在もそれは残されているから、当時を垣間見ることができる。この建物が文化財に指定される時が来るとすれば、この木製ロートアイアンも文化財になることだろう。

　取り外した形跡をたどりながら、木製に取り替えられた手摺子の間に紛れ込んだような細い鉄の手摺子や、繊細な金属製の照明器具を確かめて、それがオリジナルであることを発見すると、やったな、とおもわず顔がほころびる。

（石田忠範）

金属回収令で取り外された神戸女学院のラジエーターグリルや照明器具など

神戸女学院講堂の復元された外灯（上）とシャンデリア

神戸女学院の木製ロートアイアン・グリル

III
軽井沢―自然の緑と住む

　ヴォーリズは、来日した明治38年（1905）の夏の旅行の際に、早くも軽井沢を訪れ、数日間滞在している。以来ヴォーリズは軽井沢を頻繁に訪れるようになる。軽井沢の高原の自然と気候と生活は、ヴォーリズにとって故郷を思わせる望ましいものであった。

　また、軽井沢は日本各地で働く宣教師が集まる避暑地であったため、ヴォーリズはここで多くの知己を得、それが全国のミッションスクールや教会から建築を依頼されることにつながっていった。軽井沢は近江八幡に続く、ヴォーリズの事業の第2の拠点となり、明治45年（1912）には近江ミッションの軽井沢事務所を開設し、夏季は建築技師の大半がここに移動して働くようになる。また宣教師や教会などの活動の支援にも熱心であったヴォーリズは、昭和2年（1927）には軽井沢避暑団（現在の軽井沢会）の副会長になり、軽井沢に集まる人々のなかでも中心的存在となった。

軽井沢ユニオンチャーチ

大正7年（1918）
長野県北佐久郡軽井沢町
木造2階建て

軽井沢は外国人宣教師が開いた避暑地として知られるところ。大正期にカナダ人宣教師のノーマンによって、キリスト教各派合同の礼拝所としてユニオン教会が設立された。以来今日まで礼拝に加えて様々な集会や音楽会などが行われる軽井沢のシンボル的建物。

外観

礼拝堂　不思議な力を感じる木の建築で、本年（2008年）築後90年を迎える

日本基督教団軽井沢教会
（旧軽井沢基督合同教会）

昭和4年（1929）
長野県北佐久郡軽井沢町
木造2階建て

明治38年創立の歴史をもつプロテスタントのキリスト教会で、外国人宣教師が開いたユニオンチャーチとは姉妹関係にある。現在の礼拝堂は2代目の建物で、旧軽銀座と呼ばれる大通りに位置しており、その脇にかつてヴォーリズの建築事務所があった。

正面外観　長いアプローチをもち、当地に溶け込む簡素な教会堂

旧朝吹山荘
（睡鳩荘）

昭和6年（1931）
長野県北佐久郡軽井沢町
木造2階建て
登録有形文化財

大正期の初めより軽井沢で避暑生活を送っていた朝吹家の山荘で、後年は仏文学者朝吹登水子ゆかりの山荘として知られていた。風景と連なる広いテラスを設け、大形の石積み暖炉を備えるホールのようなゆったりとした居間を設ける。

中央に暖炉を据える英国式ホールの伝統に倣った居間

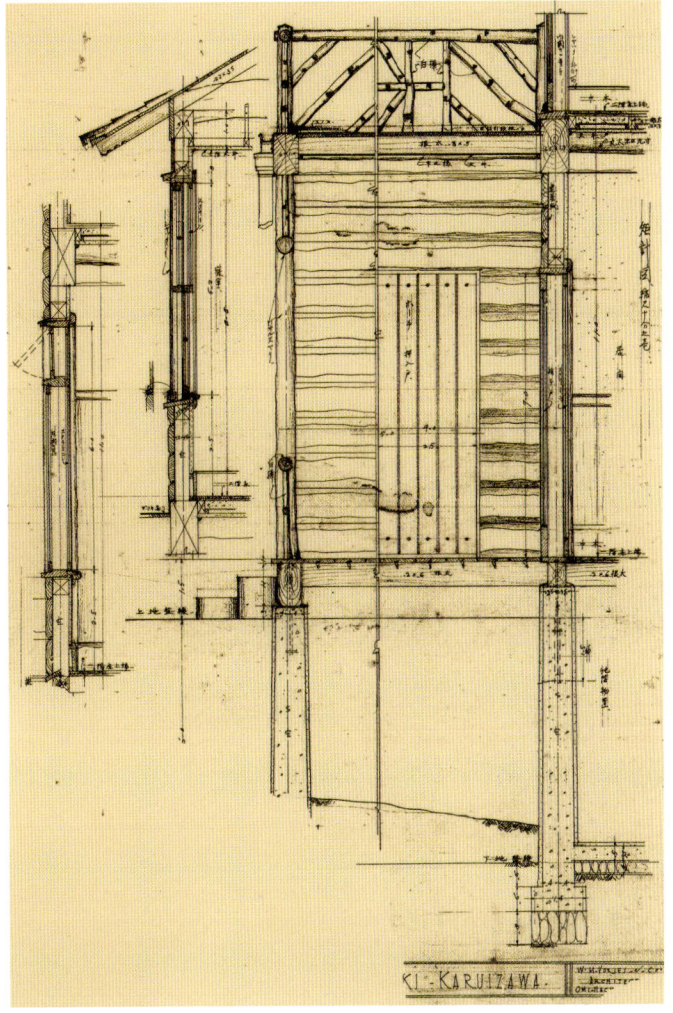

詳細図

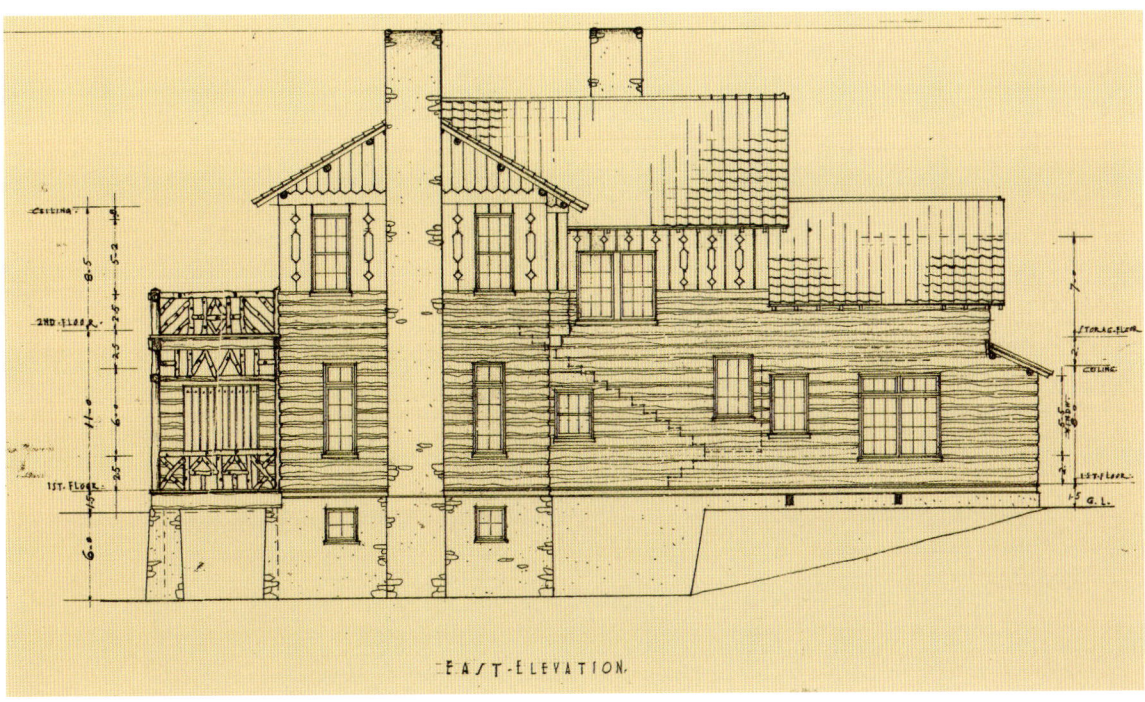

立面図

浮田山荘
（旧ヴォーリズ山荘）

大正11年（1922）
長野県北佐久郡軽井沢町
木造1階建て

明治末より夏の軽井沢を宣教師との交流活動の拠点としていたヴォーリズが設けた山荘で、粗末な陋屋を意味する「九尺二間」と称され、また建築の翌年に出版された『吾家の設計』において「最小限の住宅設計」と題して紹介されたもの。昭和41年より洋画家浮田克躬に継がれて、今日も変わらず維持されている。

石積みの煙突を中心に窓を配置した外観

居間

亜武巣山荘
（旧アームストロング山荘）

大正7年（1918）
長野県北佐久郡軽井沢町
木造2階建て
登録有形文化財

明治36年に来日し、長野、金沢を経て、富山で青葉幼稚園を開いた宣教師 M. E. アームストロングの残した山荘。かつての近江ミッションの別荘地内にあり、歴史的にも重要な山荘建築である。

居間

外観

軽井沢会テニスコート・クラブハウス

昭和5年(1930)
長野県北佐久郡軽井沢町
木造2階建て

避暑地としての軽井沢を守り発展させた団体に軽井沢避暑団、後の軽井沢会がある。その活動の一つとしてテニスクラブが大正12年頃に開かれていた。このテニスコートでヴォーリズ夫妻もプレーを楽しんだところ。

外観　半丸太壁と白壁の筋交いが響きあう

軽井沢集会堂

大正 15 年（1926）
長野県北佐久郡軽井沢町
木造 2 階建て

軽井沢集会堂は大正 11 年、軽井沢避暑団に属する日本人有志によって設けられている。当初の建物は不明であるが、大正 15 年にヴォーリズの設計で改築された記録がある。平成 7 年に基礎補強および外観を再現する改修整備がなされている。

外観

ヴォーリズ六甲山荘
（旧小寺山荘）

昭和7年（1934）
神戸市灘区六甲山町
木造1階建て
登録有形文化財

阪神間の屋根といわれる六甲山は明治期より欧米人によって開かれた近郊山岳リゾート地。山頂には日本最初のゴルフ場といわれる神戸ゴルフ倶楽部が明治34年に開かれている。そのコース近くに旧小寺家別荘がある。近くにはゴルフ倶楽部の運営にも関係したアーウィンの別荘もあった。

外観

居間

IV
『吾家の設計』と住宅建築

ヴォーリズはその著書『吾家の設計』(大正12年〈1923〉)のなかで、個人住宅の理想的なあり方について述べている。住宅の設計はまず台所から始め、子ども部屋を中心に考えるなど、住宅のあり方は生活と密接に結びついているものであり、キリスト教精神にもとづく健全な生活をめざすという設計思想がそこにはうかがえ、これはアメリカの合理的な住宅設計を範としたものであった。

これらの住宅建築では19世紀から20世紀初頭の米国で普及していた様式が広く活用されていて、具体的にはアメリカ植民地時代にその源をもつコロニアル・リバイバル・スタイルを中心にして、スパニッシュ・スタイルやチューダー・スタイルが加わっている。

ヴォーリズが手がけた住宅は、米国人宣教師の住宅やヴォーリズの自邸を含む近江ミッションの住宅、日本人の中・上流階層の住宅などが大半だが、ヴォーリズは、日本人のために良質の洋風住宅を設計することは、キリスト教によって培われた西洋の文化を最も具体的に示しうるものであり、キリスト教精神を伝えるものとなると考えていたことも重要といえる。

ピアソン記念館
（旧ピアソン邸）

大正3年（1914）
北見市幸町
木造2階建て
北見市指定文化財

明治中期に北海道に渡り、各地に伝道した宣教師 G. P. ピアソン夫妻の残した住宅で、国内最北端のヴォーリズ建築である。戦後、北見市の所有となり記念館として公開されている。近年、NPO法人ピアソン会の活動の拠点となっている。

外観　庭の柏の巨木は当地のシンボルで、ヴォーリズの設計図面にも描かれていたもの

居間

立面図

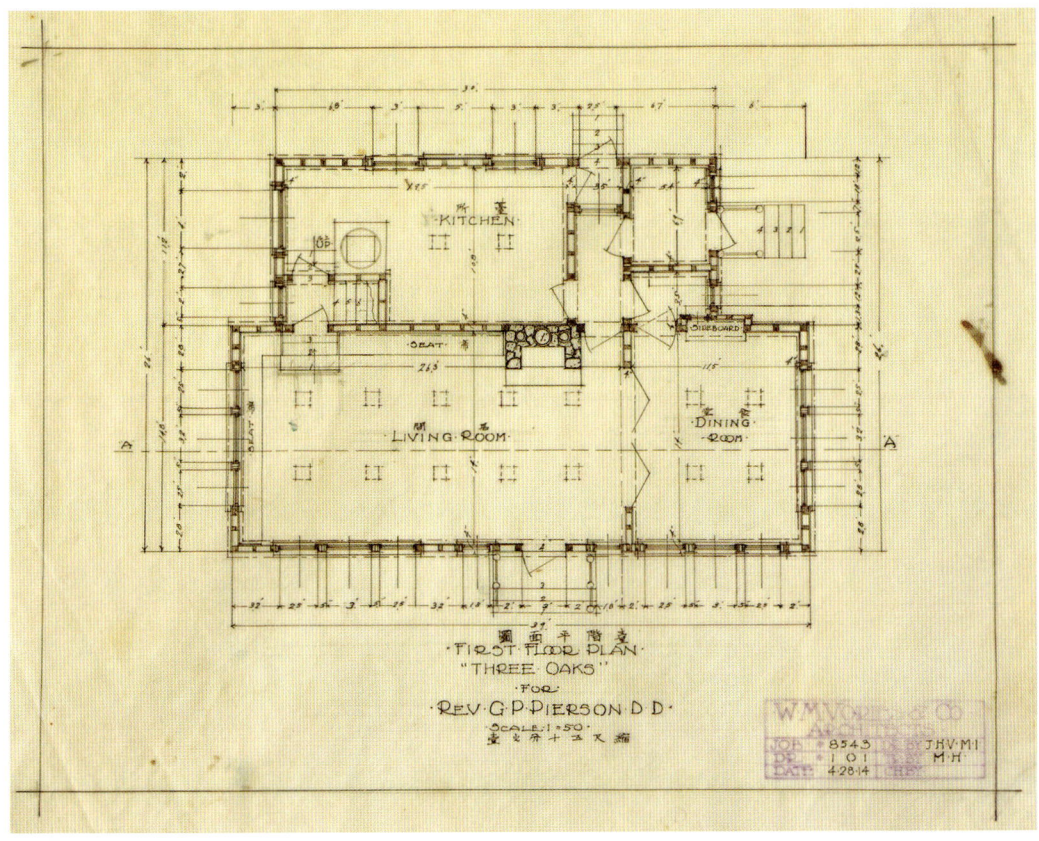

平面図

西町インターナショナルスクール（旧松方邸）

大正 11 年（1922）
東京都港区元麻布
木造 2 階建て、一部 3 階建て
都選定歴史的建造物

松方正熊は明治大正期の実業界に名を留める事業家であったが、その住宅は米国で育った夫人の意思に沿って建てられたと見られている。戦後、息女が邸を継ぎ語学塾を始め、やがて西町インターナショナル・スクールへと発展している。

外観　平成 13 年に玄関ポーチなどが復原、再生された

旧プレスビテリアン・ミッション住宅

大正 12 年（1923）
大阪市住吉区帝塚山
木造 2 階建て

ウィルミナ女学校（大阪女学院）を開いたミッションの宣教師住宅として建てられたもの。煉瓦塀を廻した敷地に建つ。戦後、遠藤家住宅となり、ピアノの館として活用されていた。

外観

階段ホール

居間　漆喰の壁、天井によりピアノ演奏に好ましい響きがあるという

駒井家住宅
（駒井卓・静江記念館）

昭和2年（1927）
京都市左京区北白川伊織町
木造2階建て
京都市指定文化財

遺伝学の研究で著名な京都大学理学部教授駒井卓博士の遺邸。北白川の地を北に流れる疎水の道に面して建つ本邸は、洋風のなかに和室を導入した昭和初頭期の近代住宅の典型的な作例でもある。平成13年に駒井家より文化財保護団体の（財）日本ナショナルトラストに寄付されて公開活用されている。

南東側外観　コーナー部はサンルーム、上部はかつて吹き放しデッキであった

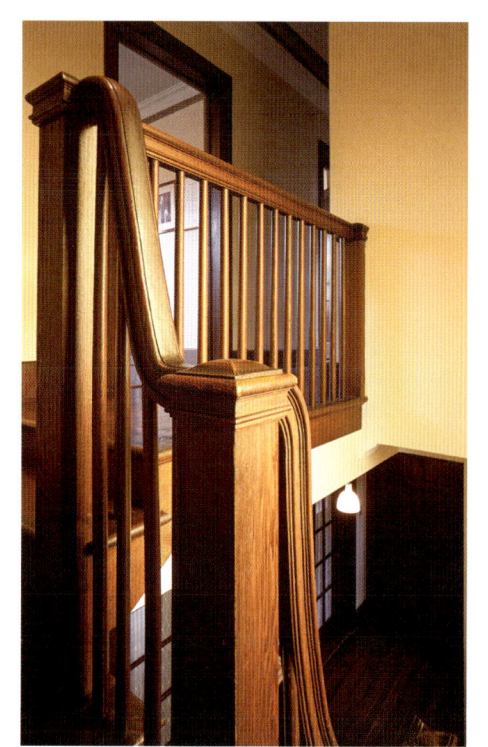

階段

食堂および居間

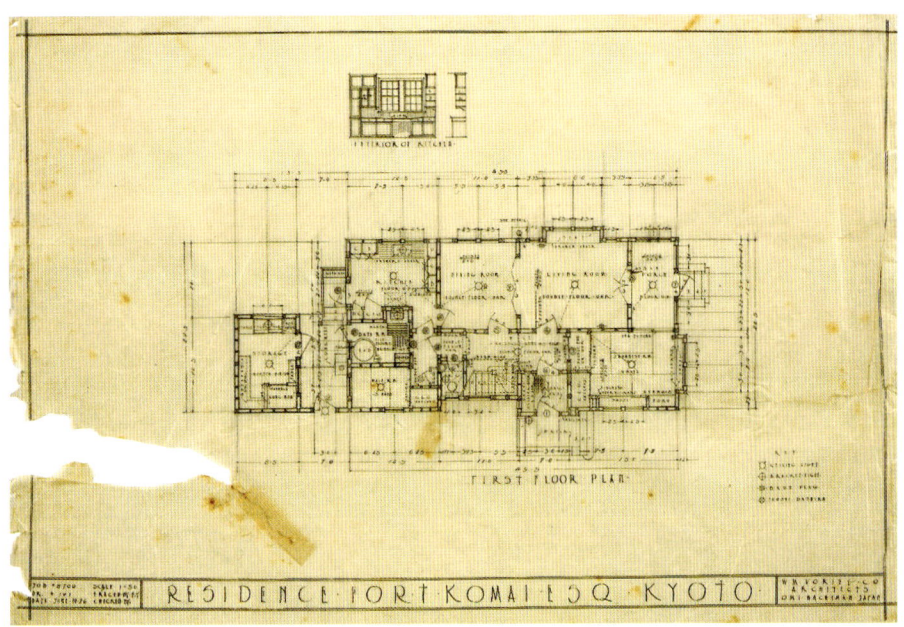

平面図

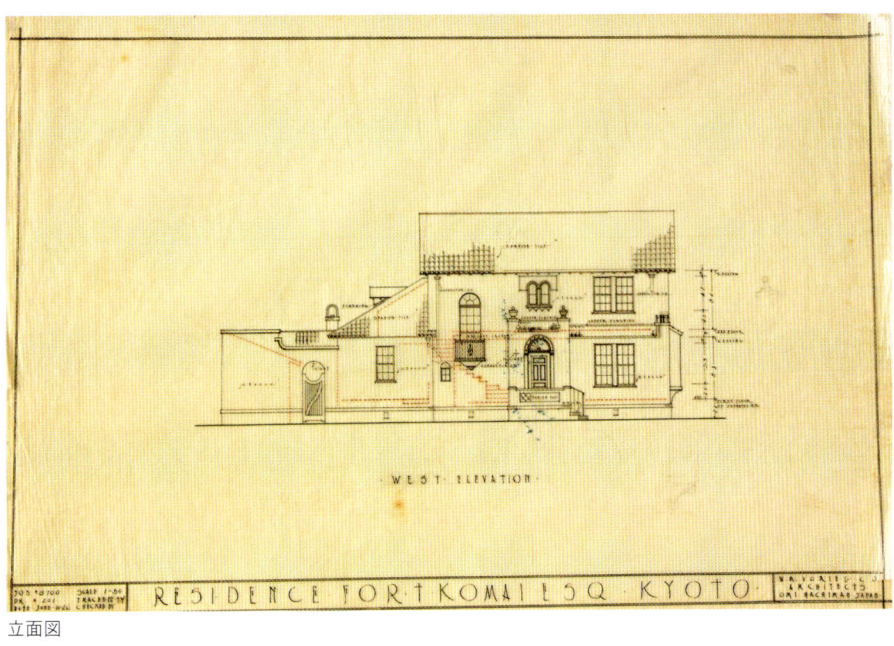

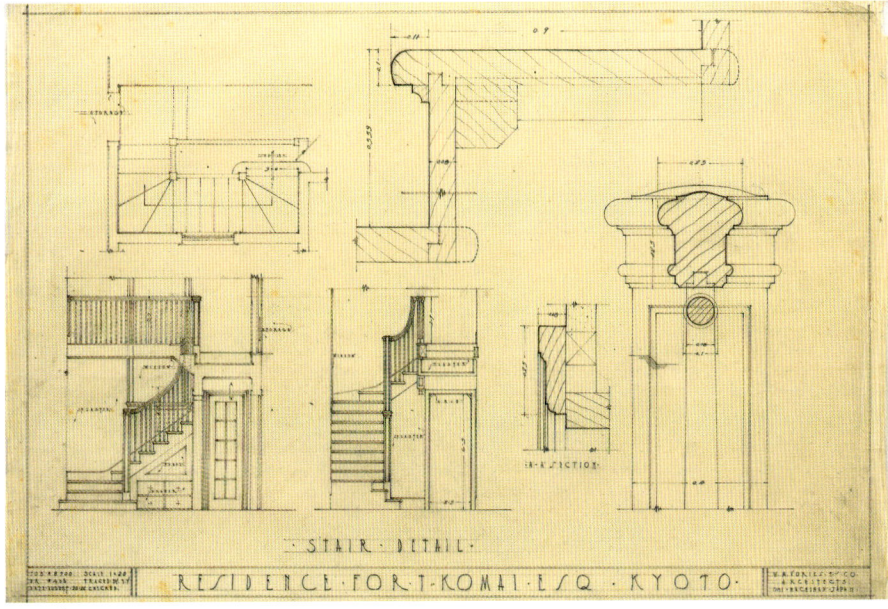

立面図

階段詳細図

旧彦根高等商業学校外国人教員住宅

大正13年(1924)
彦根市金亀町
日本瓦葺き木造2階建て
登録有形文化財

彦根高等商業学校の「傭外国人教師住宅」として彦根城外堀の内に3棟建てられた中の2棟が残されている。また、ヴォーリズの設計で昭和13年に同校の同窓会館として建てられたスパニッシュ・スタイルの陵水会館が滋賀大学構内に伝えられている。

外観　公園のような環境に、2棟が並んで建っている

階段

高輪館
（旧朝吹邸）

大正15年(1926)
東京都港区高輪
鉄筋コンクリート造2階建て

三井傘下の企業で活躍した実業家にして国際的文化人であった朝吹常吉の邸宅。スパニッシュ・スタイルの日本有数の洋館であるが、生活は英国式であったと伝えられている。

庭園側外観　鉄筋コンクリート造であるが白スタッコ壁に表情があり、木造の屋根は本格的なスパニッシュである

階段

小寺邸

昭和6年(1931)
神戸市東灘区住吉山手
鉄筋コンクリート造3階建て

スパニッシュ・ミッション様式で統一された関西学院キャンパスが完工したのが昭和4年、同年に関西学院大学教授の小寺敬一の住宅が計画された。同じスパニッシュ・スタイルによるもので、かつ繊細な表現がなされた名邸。平成23年に解体・消失。

正面外観　繊細な装飾が効果的に配されていた

玄関ホール　簡潔であるがスパニッシュの要点を押さえた見事なインテリア

鋳物の飾り手摺をもつ階段

大丸ヴィラ
（旧下村邸）

昭和7年（1932）
京都市上京区烏丸通丸太町
鉄筋コンクリート造3階建て
京都市登録有形文化財

大丸の社主、下村正太郎が英国趣味の邸宅を求めて造られた。英国の16世紀に遡るチューダー様式の邸宅で「中道軒」と名付けられた。構造は鉄筋コンクリートでラジエーター暖房の設備もある。昭和40年代に一部が改造され大丸ヴィラと改められたが、わが国有数の西洋館に数えられる。

外観　彩り豊かな煙突、変化のあるハーフティンバーの意匠など見所は尽くない

食堂　九谷焼の絵皿が食堂らしさを演出している

南面外観（日時計）

ホール

サンルーム

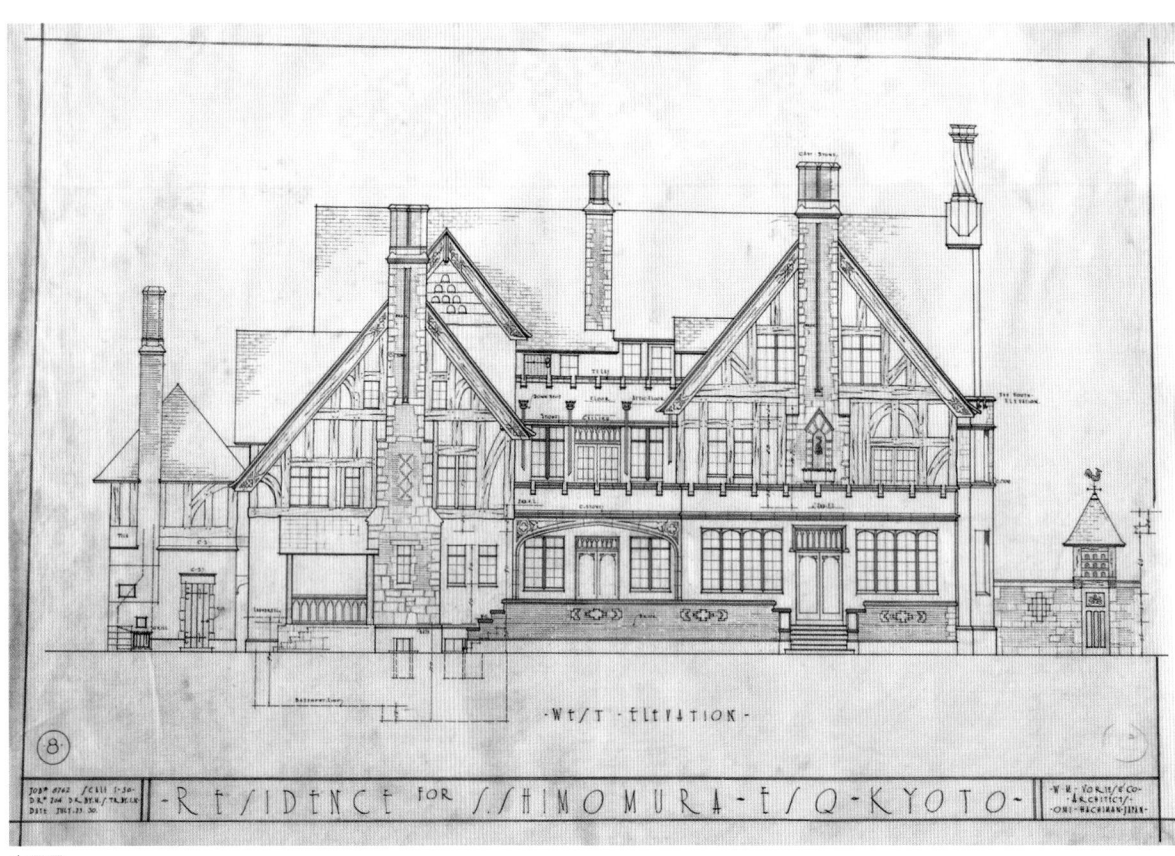

立面図

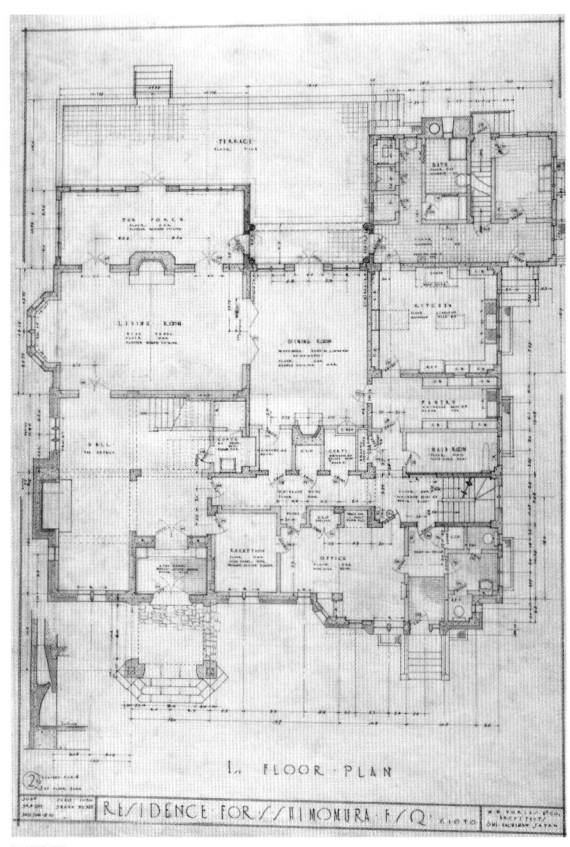

平面図

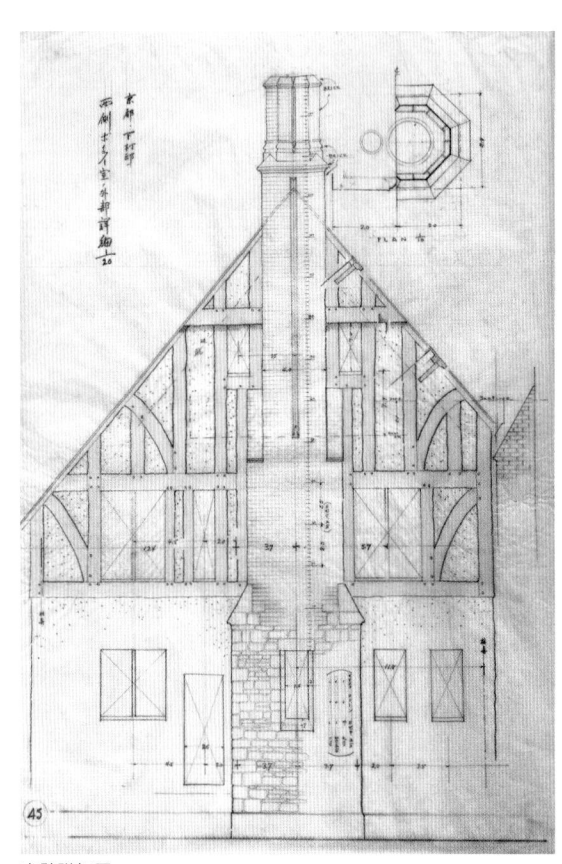

妻壁詳細図

近江岸邸

昭和10年(1935)
堺市西区浜寺昭和町
木造2階建て
登録有形文化財

貿易と海運事業家であった近江岸弁之助の邸宅として大阪南部の海浜別荘地浜寺に建てられた。ヴォーリズ円熟期の昭和10年の建築で、スパニッシュを基調とし、かつ充実した和室部を有する住宅である。

庭側外観　壁泉をもつ池はスパニッシュの要素の一つ

居間

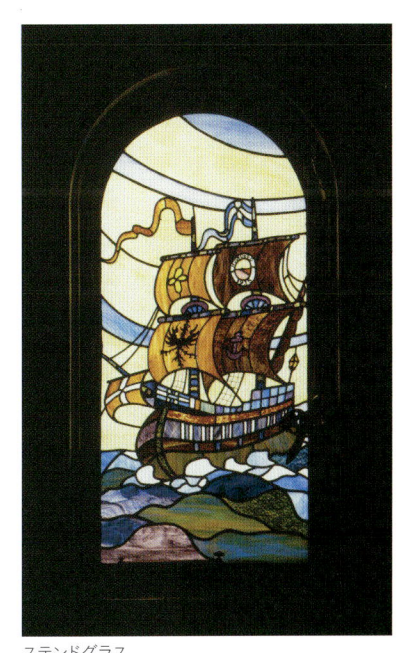

ステンドグラス

旧マッケンジー邸

昭和 15 年（1940）
静岡市駿河区高松
木造 2 階建て、塔は 3 階建て
登録有形文化財

静岡茶の輸入で活躍した貿易商 D. J. マッケンジーの遺邸。太平洋に臨む好適地に建ち、塔を有するスパニッシュ・スタイルが風景に納まっている。静岡市に寄贈され公開されている。

外観　海に臨んで建つ洋館で、立体的な構成がモダンに見える

書斎暖炉

階段

柿元邸
（旧パミリー邸）

大正 13 年（1924）
近江八幡市土田町
木造 2 階建て

元近江ミッションに参加していたパミリー女史の住宅。昭和14年頃に建築部員の柿元栄蔵が継ぎ、一部増改築を加えて今日に至っている。日本瓦葺き切妻屋根、ステイン塗りの下見板壁の洋館。赤煉瓦の煙突は撤去されているが、暖炉を備えた居間は今も変わっていない。

外観　歴史を語る煉瓦の門柱が人を迎える

村岡邸
（旧岩瀬邸）

昭和8年（1933）
近江八幡市永原町
木造2階建て

当初、医師岩瀬元治郎博士の住宅および医院として建てられたもので、近江八幡市中にあり、住宅はヴォーリズによる数少ない和風邸宅の作例として貴重なもの。昭和41年より医師村岡昭典博士の住宅として受け継がれ、今日に至っている。

和風邸宅の作例として貴重な住宅

診療室であった洋館の外観

100 years of W.M.Vories' Works

Column

ヴォーリズの階段

　ヴォーリズの階段といえば、大阪肥後橋の旧大同生命本社ビルにあった総大理石の螺旋階段（本書97ページ）を思い出す。大正11年（1922）から平成2年（1990）までの68年間、見て美しいだけでなく、石の踏面がすり減るほどに使われてきたものだ。

　2番目は大丸心斎橋店のＸ形交差階段であろうか。階の異なる空間が同時に立体的に見通せて、おとなになってもなお楽しい。メインフロアの吹き抜けに面する中2階バルコニーの、手の届きそうな低い天井の親密感が、来客をわが家に居るような気楽なもてなしで迎えるのだが、柔らかく光る黒と白の大理石の曲線が、いつの間にか品のよい贅沢な気分に乗っけてくれる。

　ヴォーリズの階段は緩やかである。緩やかな階段を造るには大きな面積が要る。それに、緩やかではあっても、段数がやたらに多くなることは日常の繰り返しの中で能率的ではない。そこで、階高を低く抑えて段数を少なくする工夫をする。天井の高さを必要にして充分なだけ取りながら階高を低く抑えるためには、床と天井の間の寸法を小さくすることになる。そこでヴォーリズは、木造でも鉄筋コンクリート造でも同様に、小梁を密に並べるジョイストスラブという構法を常用した。これがヴォーリズ建築特有の、低く親しみ深い外観プロポーションを創ることになったのである。

　ヴォーリズの階段の典型ともいうべき上りたくなる階段は、西宮市岡田山最初の建築、昭和7年（1932）に竣工した聖和大学4号館にある。礼拝堂の両脇から上る2対の木造階段。少々きしむ音がするのだが、階段を上っているという気がしない。

　階段の手摺は建築のうちでも数少ない素手で触れる部分である。ヴォーリズの階段の手摺は手触りがよい。握ると人差し指の付け根のところに一定の感触があって、手摺に触れているという安心感を生じる。

　学校の「かいだん」というと都市伝説だが、ヴォーリズの学校では手摺が滑り台になったという伝説が定番である。幅が広く手触りのよい階段の手摺は、男女を問わず、多少の冒険心ある生徒には格好の場所であった。そういえば、豊郷小学校の手摺を駆けのぼるウサギとカメのブロンズ像（本書54ページ）は、子供の安全のために付けたのだろうか。
（石田忠範）

大丸心斎橋店の階段　階の異なる空間が同時に立体的に見通せる

聖和大学4号館の階段　つい上りたくなる木造階段

駒井家住宅の階段
住宅の階段の典型。階高9.5尺を17段で上る。蹴上げは0.559尺、踏面は0.9尺である

V
都市の建築

　ヴォーリズの建築としては、ミッション建築や個人住宅に比して銀行や商店などの商業・オフィスビルの数は決して多くない。しかし、数少ないなかにあっても、その多くは建築家ヴォーリズを広く認めさせる優れたものとなっている。都市に建てられたそれらの建築は、壮麗で緻密な装飾性で都市の景観を彩り、ランドマークとして強い印象を放っている。

　ヴォーリズの商業建築の様式は折衷的なところに特徴があり、明治・大正期の近代建築の主流とはやや様相を異にするが、豊饒な建築意匠を産み出している点に個性が現れているといえる。意匠としては、遠景として眺める際の建物のシルエットの視覚的効果が高く、玄関周りに集中的に凝らされた装飾が人々の目をひきつけるところに特色があり、人々を集めるという商業建築に必要な効果を産み出している。

　ヴォーリズは、近代の都市文化の中心にその建築を据えようとした注文主の期待に応え、都市の華として息づく建築をめざし、それを形にしたのだった。

大丸大阪心斎橋店

心斎橋筋側：大正11年（1922）
御堂筋側：昭和8年（1933）
大阪市中央区心斎橋筋
鉄筋コンクリート造7階建て

大阪の老舗百貨店である大丸は、大正期に心斎橋筋に面する建物が建てられ、昭和初期に拡張整備された御堂筋側が増築されている。多彩なアールデコ・デザインとイソップ寓話にちなむ図案のステンドグラスなど特色をもつ建築。平成28年より外壁保存による建て替え工事に着手。

御堂筋側外観　遠目にネオ・ゴシック、近目にアール・デコのデザインといえる名建築

エレベーターホールのスケッチ

右ページ
上　天井細部意匠　万華鏡のような電飾装飾、そしてレリーフ装飾が天井に広がる
下　エレベーターホール

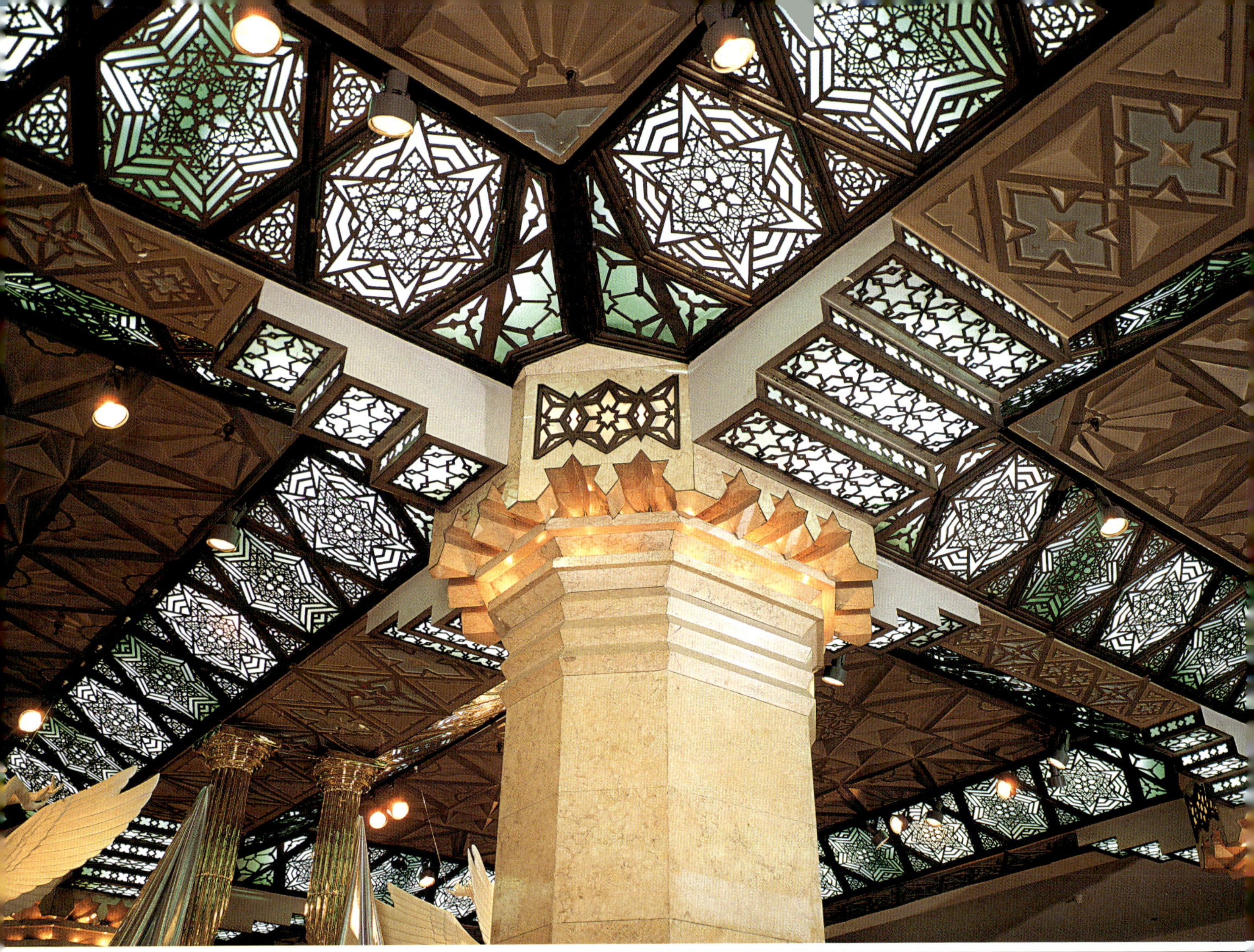

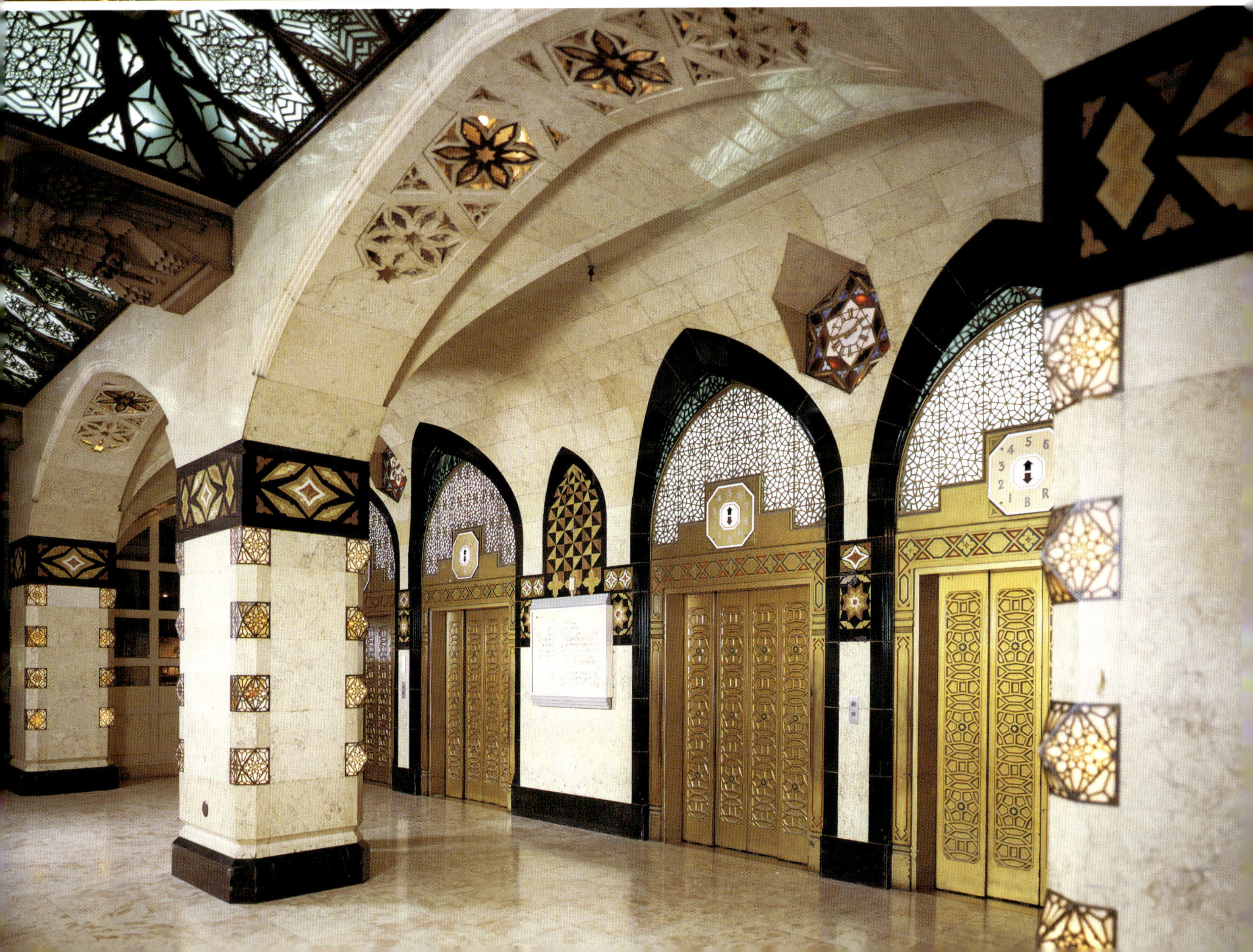

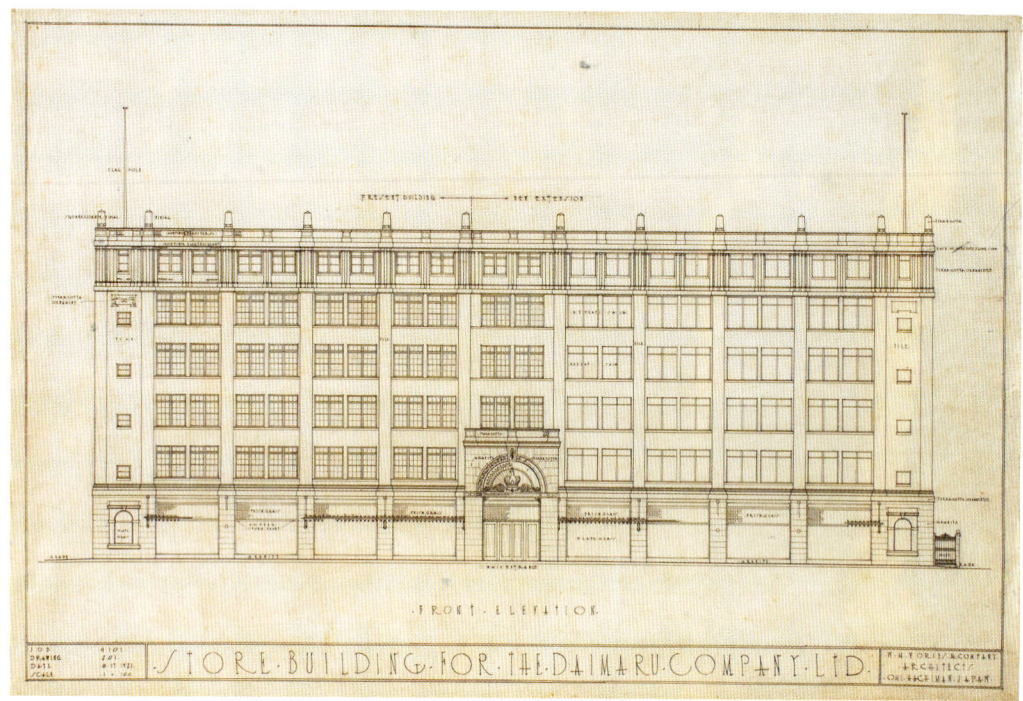

心斎橋側立面計画図

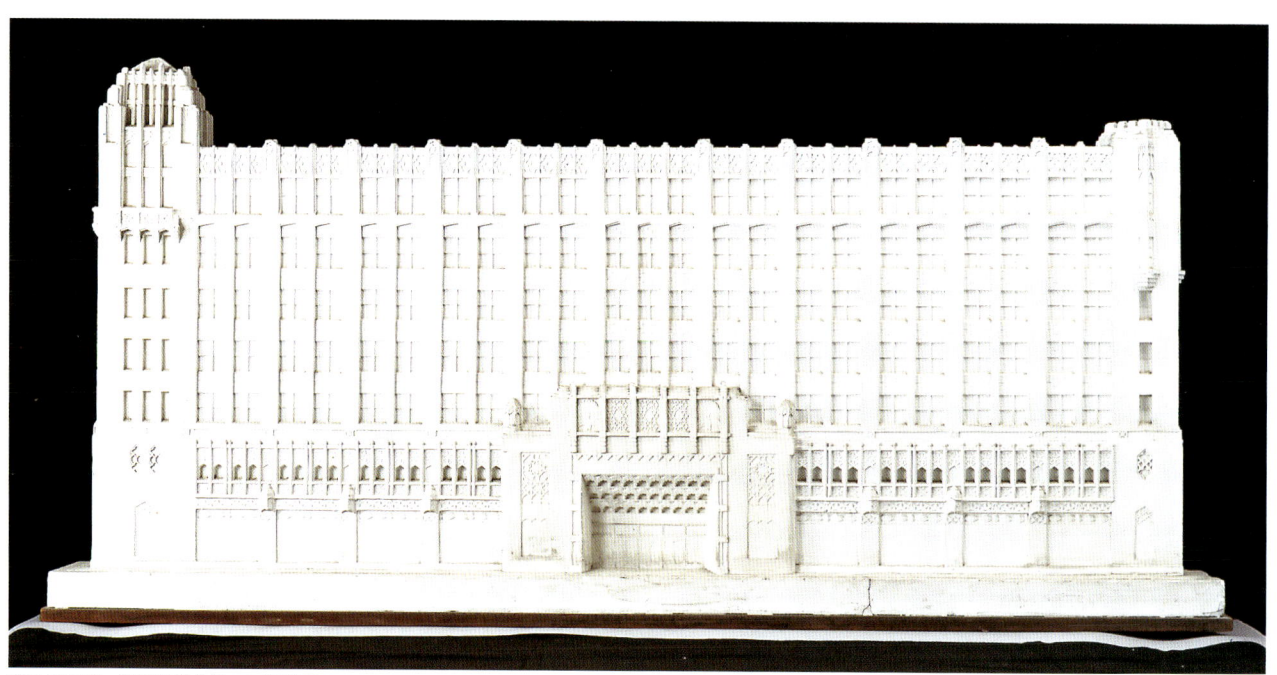

建設計画時の御堂筋側外観の石膏模型

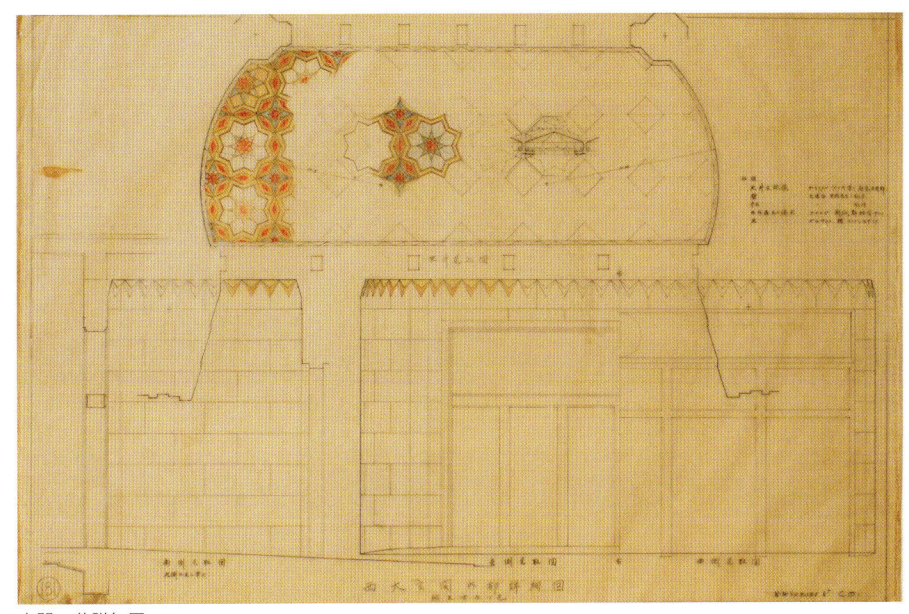

玄関天井詳細図

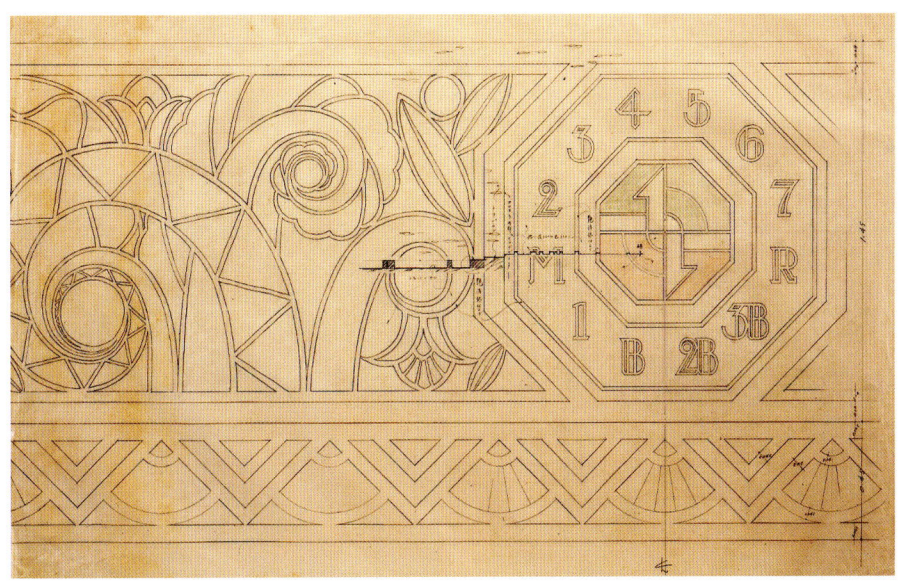

エレベータ階数表示の意匠図

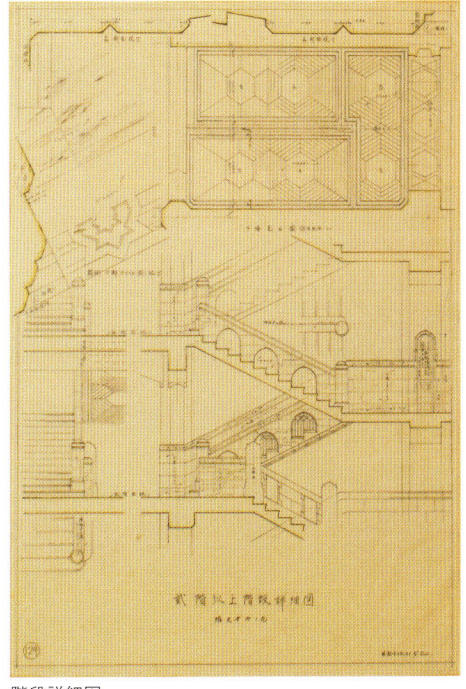

階段詳細図

大同生命ビルディング

大正14年(1925)
大阪市西区土佐堀
鉄筋コンクリート造9階建て

大同生命ビルは明治期より加島銀行を営む廣岡家の事業拠点ビルとして、本家のあった土佐堀に建築されたもの。内外をテラコッタの意匠で装う豪華な建築で、軒高100尺を有し、大正期大阪の三大ビルの一つに数えられていた。当時の社長廣岡恵三はヴォーリズに嫁いだ満喜子の実兄という関係であった。本ビルは平成2年に建て替えのため姿を消している。

外観

玄関ホール

らせん階段

東華菜館
（旧矢尾政）

大正15年（1926）
京都市下京区四条大橋西詰
鉄筋コンクリート造5階建て

京都の老舗料理店矢尾政が大正末年に西洋料理店として当地に開いたもの。戦後、東華菜館に受け継がれ、今日に至っている。スパニッシュの異色なデザインにして四条大橋の風景には欠かせない建築となっている。食材をモチーフにした装飾デザインも珍しい。

玄関　豊饒なテラコッタ装飾が玄関を華やかに演出する

4階広間

外観

外観意匠計画図面

南北側立面図

99

山の上ホテル
（旧佐藤新興生活館）

昭和12年（1937）
東京都千代田区神田駿河台
鉄筋コンクリート造6階建て

神田駿河台の高台に佇むホテルでジグザグの塔状のデザインは、大丸心斎橋店（昭和8年）の水晶塔に似て興味深いところ。当初、佐藤新興生活館として建築されたもので、戦後、ホテルとして整備再生された。

外観　玄関上部だけでなく全体の構成もアール・デコ的な建築となっている

正面上部窓の装飾

立面図

100 years of W.M.Vories' Works

Column

ヴォーリズの扉

　扉の役割は区切ることと、つなぐこと。扉は分節された一定の建築の領域を明らかに区分しているようでありながら、実はつないでいる。扉がなければ、閉所は恐怖となる。
　そのつなぐ程度は、扉の大きさや材料とその組み合わせの比率によって、さまざまに変化する。つなぐはたらきでは、紙一重の紙障子よりも透明ガラス扉に分がある。こと細かにいえば、透明の度合いや色合いによっても、人はつなぐ度合いに違いを感じる。
　東洋英和女学院（本書52ページ）は都市型キャンパスで、正面玄関が鳥居坂と呼ばれるメイン・ストリートに直面している。中が見えないと入りにくく、透明だと落ち着かない。採用された玄関扉は格子にガラス入りの框扉でありながら、切り絵模様の金属板を透明ガラスに重ねて、入りやすさと落ち着き、外と内とのつなぎ具合に絶妙のバランスを実現している。旧下村邸（大丸ヴィラ）（本書82ページ）の風除け玄関内扉にも、同じ手法が使われている。
　大丸大阪心斎橋店のエレベーターの扉（本書93ページ）は、奈落のようなエレベーター・シャフトを内に閉ざす扉でありながら、ゴシック大聖堂のガラス化したタンパンを思わせる光の欄間に意匠を連続して、閉鎖的な重苦しさを次の階への期待に置き換える。
　扉は、住まうひとへのヴォーリズの気遣いが明確にうかがえるところである。ドアの開き勝手は何気なく付いているように思われるが、廊下に面するドアは必ず内開きで、突然開いて通る者に怪我をさせることはない。寝室のドアの吊り元はベッドの側にして、開いたときに内が廊下から見えないようにする。
　ヴォーリズ建築の扉口は閉ざすところではなく、人を迎える入口である。外部に面する玄関でも内開きが基本となる。日本の玄関扉は雨仕舞いを考えて外開きが普遍的だが、軽井沢の旧ヴォーリズ山荘「九尺二間」（本書66ページ）の玄関扉は最小限度にしつらえた狭い居間にもかかわらず、内開きに納めている。
　京都御幸町教会（本書27ページ）の礼拝堂と講堂（集会室）をつなぐ3連の可動間仕切りは、ヴォーリズの窓に多用された分銅バランス式構造の王様である。迫り上げると3枚の大扉が上部の壁の内に消える。ガラス障子の幅は両脇が7尺(2.1m)、中央が9尺(2.7m)で、柱の部分を含むすべてを合わせると、間口4間(7.3m)が1つの部屋となってつながるのである。
（石田忠範）

大丸大阪心斎橋店のエレベーターの扉

京都御幸町教会の礼拝堂と講堂をつなぐ可動間仕切り
迫り上げると3枚の大扉が上部の壁の内に消える

理想を形に──ミッションスクールの建築
山形政昭

戦前期ミッションスクール

ヴォーリズは昭和12年（1937）、『ヴォーリズ建築事務所作品集』（以下『作品集』）［図1］の刊行に際して、事務所創設以来の建築設計数を「一千に垂んとする」とし、その内訳は「百二十余のキリスト教会堂、二百五十の学校建築、及び住宅建築の三百五十をあぐれば全建築数の八割に相当する」と記している。

住宅はさておき、教会堂と学校建築が主体であることが分かる。言うまでもなくこれらの学校は2、3の例外を除きすべて米国やカナダのミッションが設立または支援した学校であり、ヴォーリズのミッション建築家としての活躍が窺えるのである。

ここで簡潔にわが国でのミッションスクールの歴史と特色について述べ、ヴォーリズの活躍する時代を考えておきたい。

周知のように、日本におけるミッションスクールの萌芽は明治初期にかけて長崎、横浜、築地（東京）、神戸、川口（大阪）などに開かれた外国人居留地にある。キリスト教伝道をすすめるため日本に宣教師を派遣した外国のミッションには、カトリックに属するパリ外国宣教会と、英米に発するプロテスタント各派のミッションがあったが、とくに後者において早くから教育活動が始められていた。それらの多くは、幕末期の横浜で開かれていたヘボン塾のように、日本人聖職者の養成を目的に英語教育と聖書学を主とした私塾に始まるが、やがて明治初期には学校へと発展し、一般日本人の青年、女子の高等教育を目指したのである。

こうした初期のミッションスクールにおける特色は、外国人宣教師の説くキリスト教と、欧米の文化的精神の涵養にあり、またキャンパス内に設けられた宣教師館、学生寄宿舎での生活を通しての西洋的、キリスト教的感化を図る環境にあった。たとえば先のヘボン塾から発展し明治20年（1887）に開校された明治学院の当時の状況について、次のように述べられている。

「校風の中に英文学を通じてながれるロマンチシズムの香り高いものがあったことは、本学の歴史をひもとくものがみな感ずるところである。美しい環境、洋風の建築、宣教師の家庭からもれるピアノのひびき、宣教師の子女の行きかう異国情緒、それらが、ここに学ぶ青年たちの胸に西欧的なキリスト教文化の光とひびきとを感ぜしめ、そのエキゾチックなアトモスフィアに、知らず知らず包まれていったもののようである」（『明治学院90年史』、昭和42年より）。

そうした明治初期ミッションスクールの建築をみると、木造2階建て、日本瓦葺き、階下を教室、2階を宣教師住宅または寄宿舎とするもので、正面に吹き抜けのベランダを配する、いわゆるコロニアル・スタイルをとった洋風建築が多い。やがて明治20年近くに入ると有力な学校は校地を拡げて発展し、シンボル的な校舎、礼拝堂、講堂など質の高い、時にピクチャレスクな様式建築を建て、また宣教師住宅、寄宿舎、食堂などからなる住居ゾーンが整備されていった。前者の例では、同志社における彰栄館（明治17年）、チャペル（明治19年）など宣教師D.C.グリーンの指導による建築があり、青山学院では神学部校舎（明治20年）、ガウチャーホール（明治20年）など優れた洋風建築があった。一方、住居ゾーンを構成した建築は、おおむね簡素な木造西洋館であったが、特有の家族的雰囲気をなしていたようである。

明治初期にはじまる戦前期ミッションスクールは次の4期に分けて述べられることが多い（『日本における学校教育の現状』基督教学校教育同盟、昭和36年など）。

第1期　創設時代（明治3〜22年）、第2期　受難時代（明治23〜33年）、第3期　確立時代（明治34〜昭和5年）、第4期　試練時代（昭和6〜20年）。

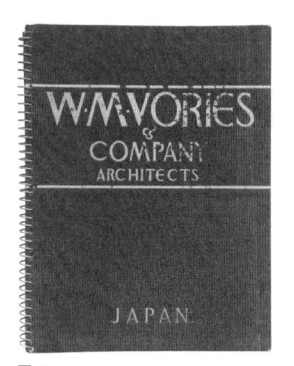

図1
『ヴォーリズ建築事務所作品集』
昭和12年

図2
ヴォーリズ合名会社
明治44年、大正7年増築

第1期の創設時代は、明治前半期のいわゆる欧化主義の流れにのって、多くのミッションスクールが設立された時期。受難時代とされる第2期は、「教育に関する勅語」（明治23年）、「私立学校令」（明治32年）などにより、学校に種々の制限が加えられた時代。第3期の確立時代は、第2期の反動期を経て、高等教育機関の一翼を担うものとしての体制と施設を整えていった時期である。すなわち専門学校令の公布（明治36年）、大学令、高等学校令（大正7年）などの公布に対応し、学校はそれぞれに高度の教育機関としての認可を得るため、学部・学科の増設と施設の拡充をすすめていったのである。第4期の試練時代は戦時体制下の時代であり、ミッションスクールは教育活動を維持存続させるため、外国ミッションの直接経営から日本人主体の運営へと転じた時代である。

　明治38年（1905）に来日したヴォーリズが建築活動を始めた明治末のミッションスクールは、学校としての確立期に当たり、それぞれに施設拡充を課題としていた時期であった。また、明治初期の建築を担ってきた建築家や技師たちの世代交代が進む時代でもあった。

　具体的に述べると、ヴォーリズ合名会社［図2］の設立は明治43年（1910）12月で、近江八幡魚屋町に事務所の建物が竣工し活動を始めるのが翌年6月である。その月に少なくとも2件の仕事が舞い込んでいる。一つは関西学院神学館［図3］で、もう一つは宮城女学校の建築であった。関西学院は明治43年からカナダメソヂスト教会が経営参加したことで校地を拡張し、新たな建築計画を立てていた。その設計が依頼されたのである。神学館は学院においても初めての煉瓦造校舎で、明治44年9月に着工、翌年4月に竣工した。

　こうして始まる戦前期のミッションスクールの建築設計は実に43校に及ぶ。表1（107ページ）はその内容を設立ミッションに分けて表記したものだが、この表から、ヴォーリズの建築が、日本に伝道したミッションの多くに遍在していたことが分かる。なかでも米国のプロテスタント主要三派といわれる日本メソヂスト教会、アメリカン・ボードの日本組合教会、日本基督教会の創設による学校に広がっていたことが注目される。

ヴォーリズ合名会社時代の煉瓦造建築

　先に述べたように、関西学院神学館の建築は明治45年（1912）春の竣工であった。神学館はさらに早い明治42年にヴォーリズの最初の煉瓦建築として竣工した福島教会と同様に、設計の経緯について未知のことが多いが、つづく大正期にかけて関西学院原田キャンパスには十数棟の建築が建つ。そのなかで最も注目したいものに、大正10年（1921）に設計された煉瓦造の中央講堂［図4］がある。写真に見るように米国コロニアル・スタイルの外観をもち、2～3階を講堂とした相当な規模の建築である。

　その前後に建てられ現存している二つの注目すべき煉瓦造建築がある。一つは大正9年に設計された西南学院本館［図5］（現・西南学院大学博物館）であり、もう一つは大阪教会［図6］である。大阪教会の竣工は大正11年だが、設計は数年早く着手されており、ここに挙げた3棟の建築は建築計画に共通性の多い大正期の特色をもつ煉瓦造建築なのである。同時期には同志社図書館、そして明治学院礼拝堂がある。

　明治学院礼拝堂は個性ある外観をもつものだが、実は数度の改築をうけている。現在、調査修復が行われており、建築の詳しい履歴が明らかにされつつある。その謎の一つにヴォーリズの紹介者が不明ということがあった。その候補者の一人に北海道にいたG.P.ピアソンがいる。北海道北見地方で活動した伝道

図3
関西学院神学館
明治45年

図4
関西学院中央講堂
大正11年

図5
旧西南学院本館
大正10年

図6
大阪教会
大正11年

図7
関西学院上ケ原キャンパス
昭和4年

図8
ランバス女学院
大正12年

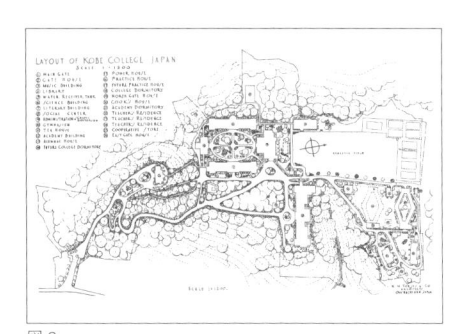

図9
神戸女学院配置図

図10
神戸女学院岡田山キャンパス
昭和8年

者で、北見のピアソン邸はヴォーリズが大正3年に設計したことが知られているが、ピアソンは当初明治学院に派遣された宣教師であった。そしてヴォーリズと明治学院の関係は大正4年に始まっているのである。

スパニッシュ・ミッション・スタイル

西宮の丘陵地にある関西学院と神戸女学院の建築群はヴォーリズのミッションスクール建築を代表するものである。ともに緑豊かな環境の下にスパニッシュを基調とした建築群からなる広大で美しいキャンパスをもっている。両校のキャンパスによって、スパニッシュ・ミッションという建築様式がヴォーリズの建築を最も特色づけるものとなっている。

先に記したように、関西学院は神戸原田時代からヴォーリズによる建築を進めてきたが、大学開設を目指して昭和2年（1927）に移転を決め、昭和4年3月に現在ある上ケ原キャンパス［図7］を竣工させた。その特色の第一は、中央に長円形の芝の広場（中央芝生）が設けられ、正門より望むと正面に図書館がシンボリックに配置され、広場に沿って馬蹄形に校舎が囲む配置計画にある。このキャンパス計画の源は、トマス・ジェファーソンによって1817年に造られたヴァージニア大学のそれに違いなく、米国の伝統とするスケールの大きなキャンパスデザインを導入したものといえる。そしてスパニッシュ・ミッション・スタイルといわれた建築様式で統一されていることも大きな特色である。この様式の源は合衆国の中西部で20世紀初頭に復興したスパニッシュ・コロニアル・スタイルとミッション・スタイルにある。

スパニッシュ・スタイルは1850年まで長くスペイン支配下にあったカリフォルニアに根づいたもので、赤瓦と白いスタッコ壁、そして玄関回りなどの要所に際立ったレリーフ装飾を付し、装飾タイルやロートアイアンの手摺り飾りなどを備えるものである。一方、ミッション・スタイルは19世紀初期フランシスコ派の宣教師によるカリフォルニア伝道によって生まれた教会建築が基になっていて、半円アーチ、曲線状の妻飾りが特色であるが装飾要素は少なく、正面はおおむね対称形の穏やかな表現を有している。ヴォーリズのいうスパニッシュ・ミッション・スタイルは、このミッション・スタイルを基にしてスパニッシュの装飾を種々活用したものである。

この建築様式は、わが国では大正中期から主として住宅に現れるが、ヴォーリズの本格的な作品としては、大正11年（1922）に設計されたランバス女学院（大阪・天王寺）［図8］の建築を初めとする。これは規模の大きなコの字型の建物で、学部教室のほか幼稚園が併設され、さらに寄宿舎等を併せもつ複合的な学校建築であった。この計画およびスタイルは大正14年に建てられる文化アパートメント（東京・御茶ノ水）にもつながる興味深いものであったが、早くに失われている。

関西学院のキャンパスと好対照をなす神戸女学院は、開校地の神戸から現地への移転を昭和2年（1927）頃に決め、昭和4年から設計に着手され、昭和8年春に岡田山キャンパス［図9・10］が竣工した。スパニッシュ・ミッションという建築様式が関西学院と同じであるのに加えて、キャンパスのデザインと建築の表現に特色があり、キャンパスのもつ恵まれたランドスケープと上質の建築群によって、わが国屈指の学び舎として知られている。また神戸女学院と同時期に設計、建築された学校に東洋英和女学院（東京・港区）がある。都内町なかの環境にあり、4階建ての本館を道に接して構えているが、アーチの玄関を一歩入ると、別世界の空気が流れていた。丘上のキャンパスをもつ神戸女学院

とは異なる環境にあるが、建築の表現は共に上質で共通点の多いものであった。

J.H.ヴォーゲルの仕事

　長崎は安政5年（1859）の開港によりいち早く西洋館が建ち始めた所で、東山手地区には今もモダンな景観がよく留められている。その頂近くに明治12年（1879）に開校された活水学院は、12番館という重要文化財指定の建築をもつ伝統ある学校である。赤い瀟洒な大屋根の本館校舎（大正15年）［図11］は華やかでモダンという特色ある建物で、この地域の優れたランドマークとなっている。本館校舎は大正12年（1923）から設計に着手されていて、当時、上海在留の米国人建築家J.H.ヴォーゲル［図12］によるものであった。

　ヴォーゲルはオハイオ州トレドに生まれた。オハイオ州立大学建築科を卒業後、一時期建築事務所に勤めたのち、シカゴの著名な建築家E.ハッセイの紹介で明治45年（1912）に来日し、建築技師として創立期のヴォーリズ合名会社に勤務した。大正5年に来幡し合名会社に勤めた女性建築技師M.H.ハレスターと結婚したヴォーゲルは、合名会社建築部の主要スタッフとして活躍したが、夫妻は大正6年5月に離別し、上海で建築活動をつづけたと伝えられている。活水学院の建築のために大正14年に再来日し、1年余り長崎に滞在したが、その間に他に二つの学校建築を設計している。

　一つは長崎、鎮西学院による新しいキャンパス計画［図13］であり、他の一つは熊本にある九州女学院の建築であった。熊本では、ルーテル派のミッションスクールである九州学院が明治末に開校されており、大正期に入ってヴォーリズによる建築が始まり、大正末にはブラウン記念講堂（大正14年）の建築計画が進められていた。その時期に同じルーテル派による九州女学院の建設計画が立案されており、おそらく多忙であったヴォーリズが、長崎で活躍していたヴォーゲルを紹介したように推察される。

　活水学院、九州女学院に残された記録は、上海での建築家ヴォーゲルの所在と、ヴォーリズとの変わらない交流を伝えている。

　ヴォーゲル夫妻の帰国後、昭和6年（1931）に始まる活水学院の講堂、礼拝堂を備えた新棟の増築はヴォーリズ建築事務所によるものであり、活水学院本館の建築は文字通り両者の共作となっている。

木造意匠の名品

　横浜山手地区は点在する教会堂と西洋館により、ハイカラな住宅地で知られるところだが、それをいっそうハイグレードにしているものに、女子のミッションスクールがある。著名な学校として明治3年（1870）創立のフェリス女学院があるが、当地においては、同女学院が明治8年に横浜山手にキャンパスを設けるよりもさらに早く、明治5年に開校した横浜共立学園がある。

　ヴォーリズによる本校の建築には大正10年（1921）のクロスビー講堂があったが、関東大震災で焼失している。その後、本格的な復興を期して昭和6年に本館校舎［図14］が建てられた。本館は木造2階一部3階建て、赤瓦の寄棟屋根と重厚な木造意匠を備え、スパニッシュとハーフティンバー・スタイルをあわせもつ特色ある建築で、正面に大きな切妻破風を置く優雅な木造校舎である。内部には教室に加えて大きなベイウィンドゥを備えた図書室や、トラス梁を見せる礼拝堂など上質の空間を備えている。

　横浜共立学園本館と同年の建築に、近江八幡の清友園幼稚園・教育会館［図

図11
活水学院本館
大正15年

図12
J.H.ヴォーゲル

図13
鎮西学院新キャンパス計画

図14
横浜共立学園
昭和6年

図15
清友園幼稚園・教育会館
昭和6年

図16
プール学院
昭和10年

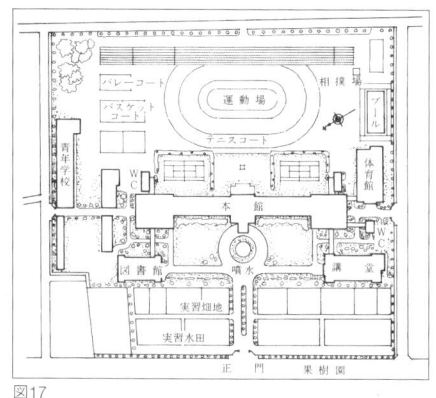

図17
豊郷小学校
昭和12年

15］の木造校舎がある。ヴォーリズ夫人の一柳満喜子により、大正9年に始められたプレイグラウンドを起源とする近江ミッションの幼稚園で、戦後開校された近江兄弟社学園に継承されている建物である。赤瓦切妻屋根、2階を白いスタッコ壁、1階を下見板張りとした外観で、園舎の建物と、幼稚園としては破格に大きな講堂・体育館で構成されている。一見すると際立った装飾は見当たらない簡素な建築であるが、教育の理念に基く諸設備が整っていて、当時「日本国内にあって最も理想に近い幼稚園」と称えられた。

木造の幼稚園としては、東北の久慈に昭和14年（1939）に建築された久慈幼稚園をあげておきたい。宣教師タマシン・アレンによって開かれ、近年アレン短期大学の付属となった幼稚園で、木造の温もりに感動する、まことに清楚な建築なのである。

フラットルーフのモダン校舎

モダニズム・デザインの導入に慎重であったヴォーリズは、昭和12年（1937）刊行の『作品集』序言で、「日本に於ける外国人技師は、所謂モダン建築と称する突飛な様式を狂気的にうけ入れることを食い止める足止、又はブレーキとしての存在の必要がある」と記しているが、モダニズムの合理的な主張は評価し価値を認めていた。そして『作品集』にもモダンな作品として昭和10年建築のプール学院（大阪・天王寺）［図16］とアメリカンスクール（東京・目黒）の2点を収録している。

実際、両校の建築では装飾を排し、機能に対応した合理的構成を目指すモダニズムの手法に従い、屋根や庇は付けない白い箱状建築に近づいている。しかし、先年まで残されていたプール学院本館からは、均一に見えながらバランスよく決められた柱間寸法や階高、そしてマリオン（窓の方立て）に張られた薄緑のタイルによってヴォーリズ建築特有の風合いと均整感を感じたものである。つまりヴォーリズはモダニズムを新しい建築原理としてではなく、モダン・スタイルとして応用したといえよう。

屋根を排したフラットルーフ・スタイルの建築では、昭和2年（1927）の共愛学園本館（前橋）や昭和6年の東奥義塾本館（弘前）があり、モダンな傾向を示す早い時期の作品として注目される。

ところで、『作品集』の最後に「全国に類なき農村学校」として収録されたのが、昭和12年に竣工した豊郷小学校［図17］である。本校は公立小学校でヴォーリズによる例外的作品であるが、地元出身の篤志家の寄付により建築されたものである。1万5千坪の校地に鉄筋コンクリート造による本館、図書館、講堂などをゆったりと中央に配したもので、緑につつまれたキャンパスは学び舎の理想の形であった。

（やまがた・まさあき　大阪芸術大学建築学科教授）

表1　ヴォーリズが建築計画に関与したミッション・スクール　　　　　　　　　　　　　　　　※数字は設計年（西暦下2桁）

教派		外国ミッション	学校名	本館校舎	一般校舎	講堂・チャペル	音楽館・図書館	体育館	寄宿舎	住宅	小学部・幼稚園	キャンパス計画	その他
日本基督教団	日本メソヂスト教会	(MEC) Methodist Episcopal Church	遺愛学院			●35							
			青山学院		○13	●34			●17	○36	○19 / △37	○19	△38
			福岡女学院	●18	△38			●18	●17	●17			
			鎮西学院	●28		○17		○17	○17		○14		
			活水学院	●31		●31							
		(MES) Methodist Episcopal Church South	関西学院（神戸）		●11 ●12 ●21 ●22	●21	○17		●11 ●15	●12 ●14	●13	○17	（中学部）●18
			関西学院（西宮）	●27	●27 ●27	●27	●27	●35	●27	●27 ●28		○27	（中学部）●29
			啓明女学院（パルモア女学院）	●27		●27			●27	●27			
			広島女学院	●30	●23 ○27				●21 ●27	○21 ●24	△27	△36	
			ランバス女学院（聖和大学）	●22		●22	●22		●22		●22		
			カネディアン・アカデミィスクール	○22 △29					●20 ●32	●32			
			東奥義塾	●30									
	カナダメソヂスト系	(MC) Mission of Methodist Church of Canada	東洋英和女学院	●32					●30	●30	●29		
			山梨英和学院		△39	●24							
			静岡英和女学院	●24		●24		△37	△37	△39	●25		
	日本組合教会系	(AB) American Board of Commissioners for Foreign Mission	共愛学園	▲26							△26		
			同志社		●15		●15 ●18		○18 ●29	●38		△34	○21 ●40
			梅花学園				○15		●22				
			神戸女学院	●31	●31	●31	●31	●31	●31	●31	○31		
			頌栄保育学院	●29					●29	●29			
			神戸女子神学校（聖和大学）	●29		●29			●30	●30	○42		
日本基督教会	プレスビテリアン系	(PU) Presbyterian Church in the U.S.A.	北陸学院		△35								
			北星学園		○13				△24	△24			
			女子学院						○19	○19	○23		
		(CP) Cumberland Presbyterian Church	大阪女学院（ウィルミナG. S.）		●11 ●34								
	ダッチリフォームド系	(RCA) Reformed Church in America Dutch	フェリス女学院		△36			●15 △37	●20				
	合同系	(PU) (RCA)	明治学院		●15	●14			○18 △41				
			梅光女学院			○17							
		(WU) Woman's Union Missionary Society	横浜共立学園	●30	●18 △37			●30		●43			
	ジャーマンリフォームド系	(RCU) Reformed Church in the US, German	宮城学院	△36	○11 ●17	●36		△36					
	デサイプル教会	(FCMS) Church of Christ Disciples	聖学院	●34	○40	△39	○40	○38	○22			△34	
			女子聖学院		●38			●27	●21	●21			
	外国ミッションに直接関係しない		恵泉女学園		△39				●35				
			近江兄弟社学園	●30		●30				●31	●24		
聖公会系		(CMS) Church Missionary Society	プール学院	●34	●36	●36			●36				
ルーテル系		(UL) United Synod of the Evangelical Lutheran Church	九州学院		●13	○13 ●24	▲30	△30	●15			キャンパス計画	
			ルーテル学院（九州女学院）	▲24				▲24	▲24		△24		
バプテスト系		(ABM) American Baptist Missionary Union	日ノ本学園	●13	△24 ○37	●13	△27		●13 △33				
			関東学院		△41				○39				
		(SB) Southen Baptist Convention	西南学院	●20	●20 ○24	●31			●21 ●37	●20	△35		
			西南女学院		●22	●34 △38		●22	●22	●21	△37		
			(熊本学院)		○19	○16							
フレンド系		(FS) Society of friends	普連土学園		△34								

○　実施設計作品
●　竣工が確認されている作品
△　計画案
▲　計画案に分類されるが、竣工が確認される作品

『吾家の設計』とヴォーリズの住宅
山形政昭

多様で柔軟な住宅設計

ヴォーリズ建築事務所には1000棟を優にこえる戦前期における建築記録が遺されているが、その過半を占めるのが住宅の類である。明治41年（1908）の事務所開設時から戦前期までの約35年間に590棟を数える。それには増改築の設計や、門の設計といった小さなもの、また建築に至らなかった計画も含まれているので、いわゆる住宅作品はその半数ほどとみられている。そうだとしても多作であり、かつ種類もさまざまである。たとえば中道軒（下村正太郎邸）のような豪壮な西洋館がある一方、「20坪の小住宅」の類の比較的簡素な住宅も少なくない。この多様さと柔軟さをもつ設計活動のなかに、ヴォーリズ建築の特質をみることができる。

よく引用されるが、『ヴォーリズ建築事務所作品集』（昭和12年）に記されたヴォーリズの言葉を改めて挙げておきたい。

「吾々の主張するところは、建築上の様式の非常に目立った進出を、試みんとするものではなくて、至極簡単なる普通の住宅をはじめ、条件の多い建物に至まで、最小限度の経費を以て、最高の満足を与える建築物を、人々に提供せんと、一途に努力し来たった。……現在焦眉の急を要する日常生活の使用に対して、住心地のよい、健康を護るによい、能率的建築を要求する熱心なる建築依頼者の需めに応じて、吾々はその意をよく汲む奉仕者となるべきである」。

健康という目的、設計における奉仕精神にクリスチャン建築家の志を感じるが、加えてヴォーリズの住宅は文化的な設備を過不足なく整えて、安らぎを与える穏やかな空気が流れていると言われている。ここでは、そうしたヴォーリズの住宅に見る特色と思想を、いくつかの事例を通して考えてみたい。

旧近江ミッション住宅

明治43年（1910）暮れにヴォーリズは帰米中に見出した建築技師L.G.チェーピン［図1］を迎えてヴォーリズ合名会社を起こし、ヴォーリズ自ら「実験的」と言うところのキリスト教主義による建築設計業をはじめた。そしてまもなく近江八幡の池田町で入手した土地に同志たちの住宅が計画され、大正2年（1913）に吉田邸、ウォーターハウス邸、翌年にヴォーリズ邸、大正9年にダブルハウスが建てられた［図2・3・4］。

いずれも米国のコロニアル・スタイルによるもので、クラシカルな玄関ポーチが伝統的な趣を添えた、スレート葺きの腰折れ屋根の実用的な住宅で、居間、食堂には格調の高い暖炉を据え、明朗で心地よい雰囲気があった。それは飾らざる美によってピューリタン精神にも適合したものであり、健康な生活を目指したヴォーリズの住宅の出発点となるものだった。やがてこの一角は「アメリカ町」と呼ばれ、彼らの私的な住宅にとどまらず、近江ミッションにおける一種のモデル地区となった。ヴォーリズは次のように説明している。

「"世界の中心"即ち近江国八幡に其地方の人々から"アメリカ町"と呼ばれて居る所があります。其所には丁度米国にある住宅街に見る様に、三つの洋館が相並んで建って居ります。……庭には、日本の様に山や岩や、其他橋、泉水、石灯篭、或は川原等というものはありませんが一面に青草が広々と生えて居ります、そして常に機械で刈りますから丁度青い段通を敷いた様です。家の周囲には米国流に花床があって種々の植物が植えてあります。家の後方には庭球コートがあって其周囲には高い網が張ってあってボールを防ぐ様にしてあります。此処は外国人の非常に重んずる運動をする所です。……」（『湖畔之聲』大正

図1
L.G.チェーピン

図2
近江ミッション住宅
大正初期

図3
ヴォーリズ邸食堂
大正3年

図4
ダブルハウス
大正9年

5年6月)。

　米国式を範とした環境において、米国式の住習慣に倣った生活を健全な生活モデルとして表明したのである。この大正初期の近江ミッション住宅は、米国中流住宅の流れを汲む西洋館としては、わが国で最初の事例であると見られている。それは明治期に入った英国ヴィクトリアンハウス系の西洋館とは異なり、大正期に進展する住宅改良運動のモデルの一つだったに違いない。

　ここで、大正元年（1912）からヴォーリズの活動に加わり、この住宅地で生活を始めたP.B.ウォーターハウス夫妻について触れておきたい。ウォーターハウスは、武田猪平牧師と共に伝道活動の中心となり、大正3年にはメンソレータム社のハイド氏から贈られたガリラヤ丸の船長となって湖上伝道に活躍した宣教師である。夫人のベッシイも婦人宣教師としての素養を備えており、この新居で料理講習会「マナ会」を始めている。やがて大正5年に吉田悦蔵に嫁いできた清野がそれに加わり、八幡周辺の家庭婦人との交流が盛んに行われるようになったという。こうして池田町の近江ミッション住宅では、主として婦人たちによって、料理会だけに留まらない洋風生活の伝授がなされたのであった。そしてこの住宅地に大正8年、ヴォーリズと結婚した一柳 満喜子［図5］が加わる。

　満喜子は一柳末徳子爵の三女として東京に生まれた。東京女子高等師範学校（現・お茶の水女子大学）卒業後、神戸女学院音楽部で学んだのち、ペンシルベニアのブリンマー大学に留学し、児童教育学を修めた才女であった。そして間もなく、近江八幡で児童教育に取り組むこととなる。

　近江ミッション住宅地で始まった洋風生活を担い、推進したのはウォーターハウス夫人のベッシイ、吉田清野、ヴォーリズの母ジュリア、一柳満喜子らであった。料理講習会に始まるさまざまな教育活動が行われ、洋風と近代生活がこの町に浸透していったのであった。この近江ミッションの婦人活動については川崎衿子氏の研究があり、『蒔かれた西洋の種』（ドメス出版、平成14年）に詳しい。ヴォーリズは住宅設計について後に述べる『吾家の設計』（文化生活研究会、大正12年）を著わすが、きわめて詳細な住宅学の内容は、こうした環境の下での生活を範として説かれたものであった。

　ちなみに、近江八幡に忽然と現れたコロニアル・スタイルの住宅は「アメリカ町」と称したように、当時米国の郊外に広く普及した住宅様式であった。なかでも腰折れ屋根にドーマー窓を開き、屋根裏3階を設けた実用性の高い構造と、軒先を出し、時にフレヤード・ゲーブルといわれる曲面の軒庇をもつタイプをダッチ・コロニアルという。ヴォーリズが導入したのはこの種のものであり、オランダ系のルーツをもつヴォーリズにとって、関心の深いものだったのかもしれない。大正後半期の典型的な作例に諏訪邸（大正12年、宝塚）、グリンネル邸（大正14年、西宮）［図6］などがつづく。

図5
ヴォーリズ・一柳満喜子夫妻

図6
グリンネル邸
大正14年

軽井沢コテージの試み

　ヴォーリズは来日の年の夏、友人の宣教師エルモアに案内されて軽井沢を訪れている。それ以来この高原の豊かな環境に惹かれ、明治45年（1912）にヴォーリズ合名会社軽井沢事務所を設け、夏期を通してスタッフとともに滞在し、ここを近江八幡と並ぶ拠点とした。

　「軽井沢は彼にとっては、働くにも遊ぶにも神に聞くにも、最もよい土地でありました。高原の空気は肉体に、ビタミン的効果をもたらしたばかりでなく、彼には精神強壮剤でもあったのです。それは彼の少年時代の思い出、いな、む

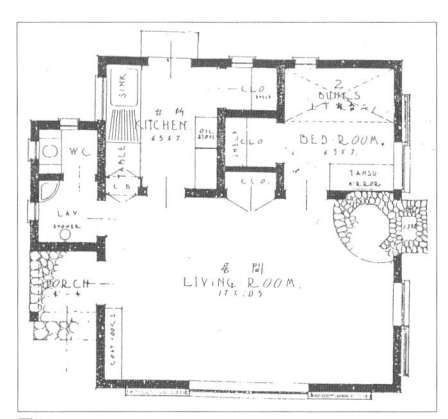

図7
「九尺二間」平面図

図8
「九尺二間」の居間
大正11年

図9
『吾家の設計』
大正12年

しろ少年時代に印象づけられた潜在意識的なものであると思います」(一柳満喜子「軽井沢のメレル」)と記されるように、軽井沢でのヴォーリズは、自然を愛し、神の声を聞き、逗留者との交流を楽しむ日々であり、ここで各地の宣教師との交流を深めたに違いない。

そのヴォーリズ夫妻の過ごした山荘が今も浮田山荘として伝わっている。通称「せせらぎの道」に沿う木立の間に建つ小さな建物で、見過ごしてしまいそうだが、道に面する東側はゴロタ石を積み上げた土管煙突が立ち上がり、木材というよりは樹木のような木肌の板壁で作られた野趣の深い山荘である。奥に増築部があるが、当初は約3間四方、寄棟屋根で、ベンガラ塗りであったらしく、「赤い鳥小屋のよう」に見えたという。『婦人の友』(大正12年)に「文化的九尺二間―新しく生まれたヴォーリズさんの山荘」と題して建築当時の山荘の様子が記されている。

粗末な陋屋を意味する「九尺二間」[図7・8]と称された山荘は、図面のように広間を中心にして、その北に二段ベッドを備えた1坪大の寝室と、同じく1坪大の台所、そして西側に1坪小の洗面室とポーチを付した約10坪の建物である。ここでの自然を身近にした生活をもとに、ヴォーリズは大正13年(1924)の『主婦の友』誌上で、「簡単な別荘の設計と其の生活法」と題して次のように述べている。

「数年前から私は、軽井沢やその他の避暑地にもっとちいさい家を建てたらよいといふようなことを、やかましくいひました。大きな家より便利な家を、見せびらかすような建物より簡素な家を、第一条件とせねばならぬと叫びました。二年前私共夫婦は、軽井沢の近江パークに『九尺二間』といふ小さい小屋を建てまして、実際やってみました。……生活はすべて簡単で、楽しんで時間の余裕を沢山とって、一年中の日課や、必ずせねばならぬ圧制的な用事から自由になりたいのです。……」

避暑保養という生活を目的とした簡素な山荘のモデルが示され、この10坪の山荘から成長する平面プランの作例が合わせて提案されていた。そして実際、軽井沢でこうした簡素なコテージが数多く建てられたのである。

『吾家の設計』と「20坪の文化的小住宅」

ヴォーリズは建築活動も軌道に乗りつつあった大正12年(1923)に『吾家の設計』と題する書物[図9]を著している。

「私の日本語は一寸妙な日本語です。直に解らぬような、多分今まではお聞きになりませんような日本語で、話しますから……」と前置きして住宅設計をテーマに語った3回の講演を基に、親しみやすい口語調で書かれたものである。それでも、住宅書としてのレベルは高く、今日でも通じる名著である。出版は森本厚吉が主催する文化生活研究会で、大正中期より新しい生活を研究し、啓発事業を進める著名な団体であった。会誌『文化生活研究』を発行し、また同時期に西村伊作の『装飾の遠慮』、吉野作造の『新人の使命』などの出版も行っていた。つまり、ヴォーリズの住宅設計は当時の住宅改善、住宅近代化運動においても注目されていたことが分かる。

『吾家の設計』には、先に述べた近江ミッション住宅、ヴォーリズ山荘も特色ある具体例として記されているが、さらにミニマムの文化生活のための「20坪の住宅設計」という2例が紹介されている。その一つは神戸・御影に建てられた伊藤邸(大正11年)[図10]で、1階に7坪の居間、それにつづく書斎、2階には学習室を備えた子供室などが配置されたもので、腰折れ屋根に屋根窓が開く

コロニアル・スタイルの住宅である。もう1棟は本書出版の直前に建った池田邸（大正12年、東京・中野）で、スパニッシュ・スタイルの愛らしい外観が『吾家の設計』の表紙を飾っている。つまり生活に対応した機能的、文化的住宅を提案することによって生活改善に取り組んでいたのである。

翌年には『吾家の設備』が続刊されている。住宅の設備やインテリアを論じたもので、『吾家の設計』につづく実践的な住居論となっている。

ハーフティンバーとスパニッシュ・スタイル

昭和12年（1937）に出版された『ヴォーリズ建築事務所作品集』の発行元は城南書院であった。同社は前年に『レーモンド建築事務所作品集』を、数年後には『安井武雄作品譜』等を刊行する建築の専門出版社であった。かつて建築界においてユニークな存在であったと思われるヴォーリズも、この時期には著名な事務所建築家となっていたのである。

この作品集において、住宅は大正7年（1918）の廣岡邸（神戸）に始まる23件が収録されているが、初期作品に多い宣教師住宅は見当たらず、中上流階層に属していた日本人の邸宅の類が並んでいる。本書の序で「建築は芸術と科学の綜合よりなるもの」と述べられるように、すべてに上質で秀でた内容を備えたもので、コロニアル・スタイル、クラシック・スタイル、ハーフティンバーによるチューダー・スタイル、スパニッシュ・スタイルなどさまざまな様式が応用された住宅である。

これらは19～20世紀に米国で広く用いられていた歴史様式で、とりわけコロニアル・スタイルは東部地域、スパニッシュはミッション・スタイルと合わせて中西部の伝統的建築様式とされていた。ヴォーリズ建築事務所はこうした「一般に認められ、また昔から用いられていた種々の様式を合理的に採用して」依頼者の求めに応えたという。

さて、作品集に多数収められているのがスパニッシュの住宅で、初期の作品として大正15年の朝吹邸［図11］（東京、現・高輪館）が載せられている。深い瓦葺きの屋根、ラフな白壁、半円アーチ窓の3要素が特徴で、テラスにはスパニッシュを特色づける池泉があり、室内には化粧根太天井が使われ、スパニッシュ家具で調えられている。このような様式意匠を用いて、近代的なプランと設備を備えた住宅としている。

こうしたスパニッシュ住宅が阪神間住宅地に根付く上でシンボル的な存在となったのが、昭和2年（1927）に着手された関西学院の建築群である。その様式は17世紀スペイン支配下のカリフォルニア地域におけるミッション建築を源とするもので、装飾性を抑えた簡潔な表現を特色とし、ミッションの雰囲気をもつ。関西学院教授の住宅であった小寺邸（昭和6年）［図12］も典型的なスパニッシュ・ミッション式建築で、ナショナル・シティー銀行社宅（昭和4年）、阿部邸（昭和5年）、湯浅邸（昭和9年）等がこの地でつづいた。ヴォーリズによるミッション・スタイルの初出は大正10年（1921）の近江八幡郵便局で、小さな建物であるが特徴的なミッション・ゲーブル（妻壁）をもつものであり、わが国にもたらされたスパニッシュ建築としては相当早いものに違いない。

そしてスパニッシュとともに際立っているのが、ハーフティンバーによるチューダー・スタイルの邸宅である。その代表がチューダー様式にちなんで「中道軒」と呼称された下村邸（京都、昭和7年）［図13］である。本邸は建築主下村正太郎の英国歴史様式へのこだわりによりエリザベス朝風の室内装飾が忠実に再現されており、ヴォーリズの住宅のなかでは例外的な佳作となっている。急

図10
伊藤邸のスケッチ

図11
朝吹邸
大正15年

図12
小寺邸
昭和6年

図13
中道軒（下村邸）
昭和7年

な勾配のスレート葺き三角屋根と、ハーフティンバーの装飾的な木造の外観が特色であるチューダー・スタイルの早い作例には、グリーソン邸（明治44年、神戸・御影）、松井邸（大正14年、芦屋）[図14]、堂本邸（大正14年、東京）などがあり、スパニッシュの流行に先行した西洋館のスタイルであったようだ。

和洋融合の住宅

時に「木に竹を継いだ」といわれる和洋折衷の試みは、わが国近代の住宅がもつ大きな課題であり、それは今日までつづいている。

米国式を範としたヴォーリズの住宅においても、日本人住宅には多くの場合、和室が導入されている。早い例では、最初に述べた近江八幡の吉田邸（大正2年）で2階に立派な6畳間がおかれていたし、宣教師館であったフィンレー邸（大正6年、鹿児島）は日本文化理解のために二間つづき縁側付の和室を設けた折衷式住宅であった。つまり、ヴォーリズはすべてに米国式を推奨しながらも、伝統的な和式の導入に柔軟に対応し、和室を巧みに取り組むところに特色を発揮したように思えるのである。

そうした好例の一つに、平成14年に（財）日本ナショナルトラストの保護資産となり、「駒井卓・静江記念館」として公開されている駒井家住宅（昭和2年、京都市）[図15]がある。建築主の駒井卓は京都帝国大学理学部に勤務した著名な学者で、若き時代に米国に留学、帰国後の大正15年（1926）に設計されたものである。建坪30坪余り切妻造り2階建ての住宅で、半円形アーチ窓や赤瓦屋根によってスパニッシュであることが分かるが、よく見ると瓦は和瓦であり、外壁もクリーム色で近隣の環境にもよくなじんでいる。本邸と同時期にヴォーリズは京都で典型的なスパニッシュの建築である矢尾政（現・東華菜館）を建てているが、表現上の違いは大きい。

駒井家住宅はこじんまりとした玄関で、中央に配された居間には中心となるような暖炉はなく、腰掛を造り付けた広い出窓が心地よいコーナーをつくっている。そしてもう一つの居室に床棚を備えた6畳間がある。障子を開けると2連の洋式ガラス窓が現れ、洋館のなかの和室であることに気付くのである。本住宅はスパニッシュとはいえ、先述したような様式デザインが文法通りに適用された西洋館ではなく、規模や設備も中流住宅の典型的なものである。しかしながら、諸所によく工夫された設備や、住むのに最適なスケールの空間が備わっているのである。

この住宅設計にヴォーリズを推薦したのは夫人の静江だといわれている。駒井静江は牧師であった青野兵太郎の次女で、神戸女学院に学び、英語に堪能でクリスチャン活動にも熱心な才女であった。ヴォーリズはこうした建築主の住宅観と比叡山を一望する環境に導かれて、この和洋の融合する住宅を残したのである。

いくつかの作例を通して、ヴォーリズ住宅の特色をみてきた。総じて、それらは米国の近代住宅をモデルとしながら日本の住環境に適合する住宅であり、珠玉の邸宅に数えられる一群を残すとともに、幾分上質の洋風スタンダードを提示したものであった。

図14
松井邸
大正14年

図15
駒井家住宅
昭和2年

ミッションに生きる──ヴォーリズ建築を生み出したもの
奥村直彦

ヴォーリズ建築を理解する視点

ヴォーリズ建築と近江ミッション

　近年、ヴォーリズ建築が注目され、脚光を浴びるようになっている。それを追っていくとヴォーリズの生涯に関心が向き、彼が単なる建築家ではなく信仰共同体「近江ミッション」の創立者であり、その根底にあったキリスト教についても知るに至る。したがって、キリスト教に何の関心も持たずにヴォーリズ建築を云々するのは、まさに「樹を見て森を見ない」ようなもの、という比喩が理解されよう。

　筆者は、平成19年（2007）夏、「ミッションと教育」の主題の下に、韓国の延世大学で開かれた第6回「東北アジアキリスト教史協議会（学会）」に参加し、韓国における「ミッションと教育」に関する韓国人学者の発表にコメントする役割を果たしたが、その機を捉えて日本におけるユニークな「自立ミッション」の例として、ヴォーリズと「近江ミッション」の働きについても紹介してきた。それは、戦前、ヴォーリズが朝鮮半島にも多数の建築を遺しており、梨花女子大学校をはじめとして、その一部は今も健在であることを、内外各国の学者たちに知らせたいと考えたからにほかならない。

現代世界と宗教多元化論

　西欧の歴史観によれば、世界の歴史はキリスト教生成発展の歴史であり、特に16世紀から19世紀にかけての世界宣教によって、キリスト教の福音と文化が世界に伝播され、次第に万国共通の真理になりつつあると考えられてきた。

　しかし、近代に入って、世界は次第に相対化と世俗化の道を歩み始める。すなわち敬虔より合理的思考が尊重され、20世紀前半の無神論の台頭（それは同世紀末に崩壊した）や聖書学の発達により、キリスト教の絶対性は次第に後退し、宗教多元化論の思想が無神論に代わって共感を呼び、今日に至っていることは否定できない。だが、それが正しいのか否かは別問題と言えるだろう。

ヴォーリズ誕生から来日まで

カルヴァン主義信仰思想の伝統

　ヴォーリズの生涯をたどるとき、16～17世紀の宗教改革、特にジャン・カルヴァンの信仰思想まで遡ることが必要になる。ヴォーリズの父方の先祖フォールヘース家はオランダ改革派であり、母方の先祖メレル家はイギリス長老派に属し、共に17世紀後半に新大陸に移住してきた一族だからである。

　したがって、ヴォーリズの生涯には、先祖伝来のピューリタン家庭に生育し両親に連れられて長老派教会に出席して身についたカルヴァン主義の信仰思想と思考が一貫しており、その事実への理解なくして、彼と、その建築を含むミッションの働きを語ることはできない。それが「神第一」「神の執事」の信仰思想であり、ヴォーリズ建築の中にも生かされていると言えよう。

幼少時代──レヴンワースとフラグスタッフ

　ウィリアム・メレル・ヴォーリズ（William Merrell Vories、1880-1964）は、父ジョン・ヴォーリズ、母ジュリア・ユージニア・ヴォーリズの長男として、1880年10月28日、米国カンザス州レヴンワースの、母方の祖父ウィリアム・メレルの家で生まれた［図1］。その家は、築後百年余を経た今日も、レヴンワースに現存している［図2］。

図1
幼少時代のヴォーリズ

図2
レヴンワースに現存するヴォーリズの生家

図3
ヴォーリズが両親に連れられて出席した
レヴンワース第一長老派教会

図4
ヴォーリズが住んでいたころのフラグスタッフの町

図5
ヴォーリズが通った当時のイーストデンバー高校

図6
ヴォーリズがいたころのコロラド大学

　幼少の頃のメレル（以下、成人まではそう呼ぶ）は病弱で、従姉カリーがピアノで弾くクラシック音楽に終日飽きずに聴き入るような子どもだった。また幼い時から両親に連れられて出席した教会[図3]では、荘重なオルガンや聖歌隊の讃美歌に感動し、講壇上の聖句を暗唱したという挿話も伝えられている。
　1888年、一家は遠く離れたアリゾナ領土の町、フラグスタッフ[図4]に移住した。レヴンワースで仲間と雑貨店を営んでいた父が、この新開地の銀行で支配人の職を得たからであった。高原の町フラグスタッフで弟のジョンと共に少年時代を過ごしたメレルは大自然の中で健康を回復し、分教場のような小さな学校で原住民や白人などの子らと隔てなく学び、心身共に健全な成長を遂げていく。学校ではオルガンを弾くことも許され、こうして宗教、音楽、自然が、彼の人格を形成する三要素となるのである。
　平成5年（1993）8月、筆者ら有志は「ヴォーリズツアー」を計画し、近江兄弟社グループの事業として、北米大陸のヴォーリズゆかりの地を訪ねた。それを契機に、アリゾナ大学のライオン教授はフラグスタッフ時代のヴォーリズ一家の生活を調査して明らかにされている。それによると、父ジョンは同信の友と町に教会を設立するなど、真面目な篤信の人であったが、銀行事業に行き詰まり、裁判所の書記などを務めていたが、やがてコロラド州デンバーへ転居するに至るのである。

高校、大学時代——デンバーとコロラドスプリングス
　1896年、一家はデンバーに移住して父はそこで病院事務長に転職し、中学を終えたばかりのメレルはイーストデンバー高校[図5]に入学した。高校時代は新聞配達などをしながら音楽クラブで活動し、教会でも教会学校のオルガン奉仕をしている。中学の頃から、彼は建築に興味を持ち、下校途中などに建築中の家の様子を飽かず観察したことや、高校在学中の正義感にあふれた若者らしいエピソードなども、彼の『失敗者の自叙伝』によって知ることができる。
　1900年、高校を卒業したメレルは、建築家を志望してマサチューセッツ工科大学（MIT）への入学が決まったが、家庭の経済状態を考え、まず近くのコロラドスプリングスにあるコロラド大学[図6]に入学して、前期課程を終えた後にMITに進むことにした。
　コロラド大学は、会衆派教会の牧師らが設立した、中規模のキリスト教主義大学である。リベラルアーツの色彩が強いが、理工系の課程（S.B.コース）も備えており、メレルはその理工系課程に入学したのである[図7]。入学当初は家から仕送りを受けていたが、友人と助け合って合理的に生活することを考え、また様々なアルバイトで生活を支えた。中でも、大学チャペルのパイプオルガンを弾くことを許されたことは彼にとって一石二鳥の喜びであった。
　課外活動では、大学YMCAおよび関連のSVM（有志学生の海外宣教運動組織）に所属して熱心に活動した。また「ピアソンズ文学会」というサークルにも所属し、卒業時には小詩集をまとめたアマチュア詩人でもあった。

海外宣教への召命——SVMトロント大会
　1902年、大学YMCAの会計係としての働きを認められたヴォーリズは、4年に1度全米各地で開かれていたSVMの大会に、コロラド州の代表として推薦され参加することになるが、それが彼の生涯を決定する転機となったのである。
　同年2月から3月にかけて、カナダ・トロントのマッセイホールで開催された第4回SVM世界大会には、北米大陸各地の大学YMCAやSVM会員、教授やスタッフ等、約3千人が参加し、世界的な学生YMCA指導者J.R.モットを始め、

多くの名士の講演が行われた。ヴォーリズは州代表として連日の大会に真面目に出席していたが、その時の彼は、将来建築家になって宣教師を支援するつもりでいたから、海外宣教への参加はまだ自分自身の問題とはなっていなかった。

一方、清国（現・中国）では、1900年、欧米諸国の進出に抵抗する暴力的ナショナリスト集団「義和拳凶徒」が反乱を起こして、宣教師や中国人信徒が虐殺される事件が頻発し、諸国は軍隊を出して鎮圧に当たった。日本も出兵し、これを「北清事変」（義和団の乱）と呼んでいる。

このSVM大会はその事件直後のことであり、集まった学生たちの多くは海外宣教を志す者たちであったから、会場の空気が緊張に包まれていたことは想像に難くない。広い会場の天井には「この世代のうちに全世界に福音を」というSVMのスローガンが掲げられていたのである。

大会も終了に近づいた日、英国のハドソン・テーラーが創立した「チャイナ・インランド（内陸）ミッション」の宣教医ハワード・テーラーの夫人が演壇に立ち、「キリストの苦しみに与る」と題して、義和団の迫害を受けたキリスト信徒らが殉教する様子を、自らの被害体験と共に証しした。ヴォーリズの自叙伝によれば、そのとき会場は静まり返り、出席者全員が真剣に耳を傾けていたが、ヴォーリズ自身には、一瞬、夫人の顔がキリストに見え、「お前はどうするつもりなのか」と問われているように感じたという。上記のとおり、彼はピューリタンの家庭に育ち、キリスト者らしい生活をしてきたと自認していたが、この時初めて、建築家になりたいという願望に固執して「神の計画」を妨げている自分の罪に気付いたのである。

ヴォーリズは大学に戻って後も祈り続け、その確信が強まるのを知って、自分も海外宣教に赴く決心カードをSVM本部に送った。以上が、その後の彼の生涯を決定することになった「神の召命」であった。

ヴォーリズは、この召命に応えて建築家への夢は神に捧げ、大学3年生以降は文系課程（B.A.コース）に転じて1904年に哲学科を卒業した。そして、コロラドスプリングスYMCAの主事補として入職し、海外宣教に遣わされる準備に入ったのである。ただし、ヴォーリズの理想は「イエス・キリストの原理」（マルコ12:28–31）を日常生活に適用することにあり、あえて神学校へは進まず、YMCA派遣教師として来日したことを忘れてはならない。

現在と異なり、当時の北米YMCA同盟は海外宣教のミッションに燃えていたこと、この大会に出席していたSVM学生の中には、後に関西学院院長となったベーツがいたことも記憶しておきたい。

来日と近江ミッション創立

滋賀県立商業学校英語教師

当時、日本政府は北米YMCA等を通じて、旅費の自弁と「放課後なら聖書を教えてもよい」との条件で外国人英語教師を求めていた。これを「青年会英語教師」と呼び、彼らは各地の旧制中学校・高等学校で英語を教え、放課後にバイブルクラスを開いていた。

ヴォーリズは北米YMCAの仲介により明治38年（1905）1月29日に来日し［図8］、2月2日の午後、初めて近江八幡駅に降り立ち、滋賀県立商業学校（現・滋賀県立八幡商業高校）の英語教師に着任したのである。彼は、早速、放課後の下宿［図9］でバイブルクラスを開いて生徒たちの心を捉え、出席者はやがて全校生徒の3分の1にも達した［図10］。一方、校内でも課外活動として学生YMCAを組織して新しい風を吹き込んだが、それらの活動が、当時の封建的

図7
コロラド大学卒業アルバムのヴォーリズ

図8
ヴォーリズが来日時に乗った貨客船チャイナ号
1905年1月10日、日本に向けてサンフランシスコを出港した

図9
八幡のヴォーリズの下宿自室
星条旗やランプが見える

図10
バイブルクラスの生徒たちとヴォーリズ
（前から2列目中央）

図11
大正初期の建築部員

図12
『湖畔の声』創刊号

な地元町民や他宗教の反発と警戒を呼び覚ます結果となり、明治40年（1907）3月、在任わずか2年余で教師を解任されたのである。自力と大学友人の両親の支援で八幡基督教青年会館（旧・近江八幡YMCA）を建設したばかりのヴォーリズにとって、それは最初の受難であった。彼は「東洋では一外国人教師の宗教的信念までが政治問題になるのか」と、英文著書 *A Mustard-Seed in Japan*『日本における一粒のからし種』に記している。

近江ミッションの創立

だが、ヴォーリズはこの迫害に耐えて、自分が遣わされたと信じる「近江の地」を離れず、県下各地に基督教青年会運動を展開していく。すなわち、当時商業学校の他に滋賀県立彦根中学校（現・県立彦根東高校）、同膳所中学校（現・県立膳所高校）等でも英語教師を兼任し、各校でバイブルクラスを開いていたヴォーリズは、それぞれでの教え子を核として県下にYMCA運動を展開していったのである。また、明治41年（1908）10月、京都基督教青年会館（現・京都YMCA）新築に際して現場監督を依頼され、同会館内に初めて建築事務所を開設した［図11］。これが現在の株式会社一粒社ヴォーリズ建築事務所の嚆矢であり、今年、創立100周年を迎えたわけである。

さらに膳所、米原駅で働く鉄道青年のために鉄道YMCAを開設。明治43年（1910）には、いったん帰米してメンソレータム創業者ハイドの知遇を得、SVM出身の建築家チェーピンを伴って帰日、初めての法的組織「ヴォーリズ合名会社」（建築設計監理事務所）を設立した。さらに翌年6月には同志社から武田猪平牧師を招いたが、おそらくこの時を「近江基督教伝道団」（近江ミッション）の結成と考えることができよう。

こうして近江ミッションは、近代日本のキリスト教史上稀有な自給自立の超教派ミッションとしてユニークな活動を展開していくことになる。以下、紙幅の許す範囲で、その主な活動の要点を記してみたい（建築については別稿に譲る）。

近江ミッションの展開と発展

『湖畔の声』創刊

明治45年（1912）7月、ヴォーリズ、武田猪平、村田幸一郎、吉田悦蔵らの同人は、キリスト教伝道文化雑誌『湖畔の声』を創刊した［図12］。その発刊の辞に「我は声である。湖畔に叫ぶ声である」という声明が述べられている。イエスがガリラヤの荒野であげた「神の国は近づいた。悔い改めて福音を信じなさい」との宣言、またその先触れを務めたバプテスマのヨハネの「荒野に呼ばわる者の声」を意識したものと思われる。

『湖畔の声』は、戦時下および戦後の会社危機の際に一時休刊したものの、小冊子ながら今日まで実に九十年余にわたって発行が続けられている。筆者も十年余り本誌の編集に携わったが、知る人ぞ知る、歴史あるキリスト教雑誌で

あり、発刊当時の意気軒昂たる伝道精神が継承されることを願ってやまない。
　さらにほとんど同時期に、主としてヴォーリズの母国アメリカの支持者に近江ミッションの活動を報告して資金援助を得るために英文季刊雑誌 *The Omi Mustard-Seed* も創刊された［図13］。これは彼の召天後に終刊している。

メンソレータムとガリラヤ丸

　大正2年（1913）、クリスチャン実業家で米国メンソレータム会社の創立者ハイド（A. A. Hyde）は、かねてヴォーリズの働きに関心を寄せて支援を申し出ていたが、メンソレータムの日本代理店として、近江ミッションにその輸入販売の権利を与えた。
　大正3年には、ハイドの寄贈による湖畔伝道用のクルーザー「ガリラヤ丸」が進水［図14］、翌4年から琵琶湖畔各地を巡る伝道が開始された。その働きの結果、実を結んだのが堅田、今津をはじめとする湖畔各地の基督教会館の建設と活動であり、現在はキリスト教会になっている。特に今津では今日も近江ミッションと同じく、教会をはじめ幼稚園、病院、老人福祉施設などのプロジェクトが展開している。
　この年には文書による通信伝道も開始され、メンソレータムと同時に全国に展開していった。なお、メンソレータムの権利は昭和50年以後は他社に移り、現在はメンタームとして製造販売し、アジア各地にも輸出されている。

医療・教育の展開

　大正7年（1918）、第二の法的組織として「近江基督教慈善教化財団」（現・財団法人近江兄弟社）を設立し、計画中だった結核療養所「近江療養院」（現・ヴォーリズ記念病院）を開院した［図15］。戦後もアメリカ式の「近江サナトリアム」として、京阪神地方からの入院者が絶えなかったが、昭和42年（1967）に一般病院となり、近年は老健センターやホスピスを併設して、社会福祉法人の老人ホームとともに「福祉の里」を形成している。
　大正8年、ヴォーリズは子爵一柳末徳の三女満喜子と結婚した［図16］。満喜子は東京女子高等師範学校（現・お茶の水女子大学）附属高等女学校から神戸女学校（現・神戸女学院）音楽部を卒業し、米国留学の経験もある近代女性であった。同11年、満喜子は「清友園幼稚園」（現・近江兄弟社学園）を開園し［図17］、ヴォーリズを助けて、後に近江ミッションの教育部門を担うに至る。
　大正9年、ヴォーリズ合名会社を解散し「近江セールズ株式会社」（現・株式会社近江兄弟社）を設立してメンソレータムと雑貨の輸入販売を開始した。
　昭和3年（1928）、北の庄に「恒春園納骨堂」を建設して社員と家族の永眠地を確保し、昭和4年以後、毎年キリスト教による記念祭が行われている。
　昭和8年、吉田悦蔵が近江勤労女学校と近江向上学園を開設したが、戦後、先の清友園幼稚園、新設の小学校、中学校、高等学校と合併し、「イエスキリストを模範とする人間教育」を目標として国際人教育を行う総合学園「学校法人近江兄弟社学園」として発展している。
　昭和9年、近江ミッションを「近江兄弟社」と改名し、海外に本部のあるミッションではなく、自給自立の独立ミッションであることを内外に宣明した。
　昭和15年、「近江兄弟社図書館」（現・近江八幡市立図書館）を開設して地域社会に仕え、戦後は児童室に特色を発揮した。現在は近江八幡市に移管され発展している。
　戦前、戦時下の会社は、旧満州の奉天（現・瀋陽）に工場、北京や上海に出張所、京城（現・ソウル）に建築事務所の出張所を設けるなど、当時の外地や外国に進出したが、韓国に梨花女子大学校をはじめ多くの建物が現存し、また

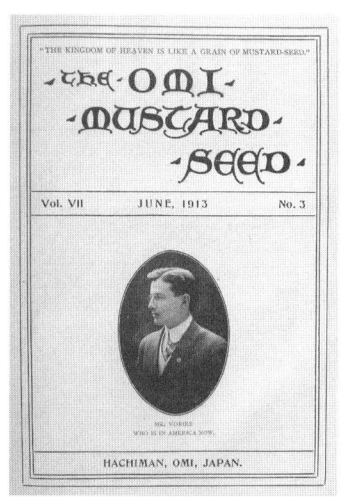

図13
英文季刊雑誌 *The Omi Mustard-Seed*

図14
湖畔伝道に使われた伝道船「ガリラヤ丸」

図15
設立当初の近江療養院（ツッカーハウス）

図16
自ら設計した明治学院礼拝堂で挙げられたヴォーリズと満喜子の結婚式

図17
清友園幼稚園

図18
ヴォーリズ建築事務所の設計室と所員たち

図19
八幡神社で誓いを読み上げるヴォーリズ
昭和16年（1941）、ヴォーリズは日本に帰化した

ヴォーリズの弟子であった韓国人建築家の設計したソウル駅前の大教会等もあって、近年ヴォーリズやその建築に関心を持つ韓国人学生も現われている。

近江ミッション綱領

　近江ミッションのこれらの多面的な活動を支えていた信仰思想を示したものに「近江ミッション綱領」がある。制定の経過と時期の詳細は今のところ明らかではないが、大正5年（1916）に英文として公にされたものが最初である。そこには過去十年にわたって活動してきた近江ミッションの原理原則を整理したものとの説明があり、ヴォーリズの起筆によるものと考えられる。

　「近江ミッション綱領」の要点は、近江で超教派による福音宣伝をするが、特に教会設立はせず、信徒団体が選択する教派に属させる。邦人と外国人団員は協力して伝道未開拓地方に宣教し、他教派との競合は避ける。主として農村伝道に努力し、福音宣伝者の養成を計る。禁酒禁煙、貞潔、思想向上、結婚習慣の改革、体育衛生の進歩を計り、貧民、被差別者を含む社会改善を計る。福音宣伝の方法を研究し実験する、というもので、当時のわが国の農村社会を視野に入れた、ヴォーリズらしい、ユニークなマニフェストであった。

ヴォーリズ建築の精神と実践

　こうして、本来は行政が担うべき教育、医療、社会教育などの働きを代わって担い、その資金は建築設計、医薬品製造販売で自給し、キリスト教共同体「神の国」建設を理想として地域の人々に奉仕したのが近江ミッションであり、ヴォーリズ建築もその一部門であったことを忘れてはならない。したがって、そのキリスト教精神は、建築家の名声のためではなく、クライエント、すなわち施主やそこに住む人々の健康と福祉の立場に立って設計する中に生かされ、今日なお人々の共感を呼び高く評価されているのである。先に記した「イエス・キリストの原理」の現実社会への適用とは、この精神の実現にほかならない。

　具体的に見ると、建築設計プランの段階でヴォーリズが指導し、デザイン、トレース、構造その他の仕事を、キリスト者の所員たち［図18］が忠実にこなしていく中でヴォーリズ建築が生み出されていったのであり、もちろんヴォーリズ一人がすべてをしたわけではない。

戦時下のヴォーリズ

　戦時下日本の国家統制は産業から建築、教育、宗教に及び、近江ミッションも受難の時代を迎える。ヴォーリズは昭和16年（1941）に日本に帰化した［図19］とは言え、敵性国人として監視下に置かれたことは事実であり、夫妻は軽井沢で隠遁の日々を過ごさざるを得なかった。それでも、昭和17年10月、軽井沢でひっそりと過ごしていたヴォーリズに、キリスト者の教授らの紹介により、毎週山を降りて、東京帝国大学（現・東京大学）文学部講師として英語英文学を講じる機会が与えられたことは、彼にとって幸せな時間であったに違いない。

詩人・音楽家ヴォーリズ

　先に述べたとおり、ヴォーリズは宗教と音楽と自然を友として育ち、青少年時代を過ごしたが、それらの感化を表現する共通項として、詩作の世界を内包していたと思われる。

　彼は大学卒業に際して詩を朗読し、小詩集を刊行しており、日常でも広告紙の裏などを利用して詩を書き留めたりしていたという。それらを整理したのが昭和35年（1960）にヒルトナー夫人によってまとめられた133篇の詩からなる詩

集 *Poems of the East and West*（『東と西の詩集』）である。それらの詩は、信仰と自然観照、様々なトピックスに及び、彼を知る上で興味深い作品であり、特に静かな軽井沢の自然の中で作られた自然観照の詩には優れたものが多い。

また、ヴォーリズは音楽をこよなく愛し、ピアノを演奏した［図20］。自ら作詞作曲した現行讃美歌236番『神の国』［図21］、外国曲を用いての作詞だが、満喜子夫人が訳詞を付した『近江兄弟社学園校歌』、同じく英語で歌われる『同志社カレッジソング』（One Purpose, Doshisha）等には、彼の信仰と思想、教育観、世界観、平和主義が余すところなく格調高く歌い上げられている。

戦後のヴォーリズと近江兄弟社

戦後、夫妻は近江八幡に戻り、近江兄弟社再建に取り組むが、近江兄弟社は一躍、民主主義のモデルとして注目され、内外の訪問者が絶えず、ヴォーリズもヴォーリズ建築事務所も多忙を極めた。中でも、スイスの世界的神学者エミル・ブルンナー博士が近江八幡の田舎町に来訪して「キリスト教共同社会」が実践されていることに驚き、社員にその自覚を訴えるとともに、ヨーロッパに帰って人々に知らせたいと語ったことは、ヴォーリズにとって大きな喜びであったに違いない。なお、終戦直後のGHQへの使いや、天皇家との交流も事実であるが、ここでは省略する。

昭和32年（1957）夏、筆者は軽井沢での近江兄弟社学園教師研修会後、直接ヴォーリズから教えを受ける貴重な時を持ったが、その1週間後に彼は病に倒れた。晩秋には近江八幡に戻って療養に努めたが［図22］、昭和39年5月7日永眠し、近江八幡市民・近江兄弟社合同葬で送られ、恒春園納骨堂に葬られた。平和を愛し、神第一、神の執事として生きた、84歳6月の生涯であった。

おわりに

ヴォーリズの生涯と思想は『失敗者の自叙伝』に明らかである。ただ未完であり、自叙伝という強みと同時に限界も否めない。しかし彼が「失敗者」と自称したことに共感できるか否かは、真にヴォーリズを理解できるか否かの大事な鍵である。

建築については彼の『吾家の設計』『吾家の設備』『ヴォーリズ建築事務所作品集』等が重要だが絶版で入手できない。近年では山形政昭『ヴォーリズの建築』（創元社、1989年）『ヴォーリズの西洋館』（淡交社、2002年）が一般的で読みやすく興味深い。上記のようなヴォーリズの生涯および近江ミッション諸事業の活動と展開の詳細は、ヴォーリズ研究の基本文献として評価された拙著『ヴォーリズ評伝』（港の人、2005年）をご覧いただきたい。また教科書的なコンパクトなものとして『近江に神の国を－W.メレル.ヴォーリズ』（湖声社、1986年。〈英訳付改訂版〉日本基督教団出版局、2006年）もある。

その他、一柳満喜子『教育随想』（近江兄弟社学園、1966年、1999年改訂）、吉田悦蔵『近江の兄弟』（1922年）等、ヴォーリズ夫人や創立者たちの著作から、ヴォーリズの息吹を感知することができる。神を忘れてすべてを相対化し、安易に流れがちな現代の風潮に対するヴォーリズのメッセージが聞かれると確信するからである。

「わたしたちは見えるものではなく、見えないものに目を注ぎます。見えるものは過ぎ去りますが、見えないものは永遠に存続するからです。」
　　　　　　　―新約聖書「コリントの信徒への手紙」二4:18―
　　　（おくむら・なおひこ　日本基督教団安土教会牧師、元近江兄弟社学園長）

図20
近江ミッションオーケストラ、昭和6年

図21
ヴォーリズが作詞作曲した讃美歌「神の国」

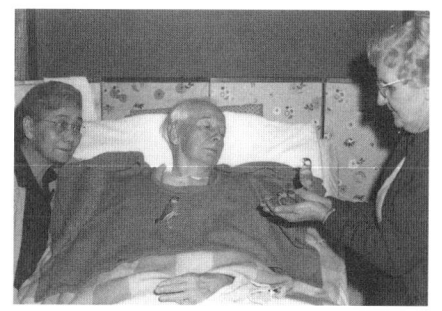

図22
療養中のヴォーリズ

ヴォーリズ建築のこころとかたち

石田忠範

建築家ヴォーリズの誕生

　明治40年（1907）、W.M.ヴォーリズは滋賀県立八幡商業学校から解雇を申しわたされる。失意のうちにも、自らを神にゆだねて近江八幡に留まり再出発を期するヴォーリズと行動を共にしたのは、その春、八幡商業を卒業する吉田悦蔵であった。

　吉田の著作『近江の兄弟』から、ミッショナリー・アーキテクトと称されるヴォーリズの誕生物語を聴くことができる。

　「京都の青年会館の嘱託教師をしたり、……英語の切り売りをしながら、……生計の道に苦心していた」(1)。ヴォーリズは明治41年の暮れから、京都の三条キリスト教青年会館の一室を借りて、建築の設計監督事務所を開業する。翌42年、京都YMCA会館の新築工事が始まり、「わがヴォーリっさんは、その監督として雇われた」(同)。

　こうして、学生の頃ひとたび断念した建築家になりたいという夢は復活する。「神の国」建設の道具のひとつと自覚した建築家、ヴォーリズの誕生である。

　一時渡米したヴォーリズは、明治43年11月に米国人建築家、L.G.チェーピンを伴って帰幡、翌12月、ヴォーリズ、吉田、チェーピンの3名で建築設計監督業「ヴォーリズ合名会社」を設立する。やがて、村田幸一郎が建築実務の修行から復帰し、さらに村田と八幡商業同期の佐藤久勝が加わり、陣容を整えて本格的な設計活動を始めるとともに、これに並行して「近江キリスト教伝道団」（後の「近江ミッション」）を発足する。すなわち、「ヴォーリズ合名会社」の実態は「近江キリスト教伝道団」であった［図1］。

　マックス・ウェーバーは『プロテスタンティズムの倫理と資本主義の精神』において、「職業」を意味するドイツ語のベルーフ（Beruf、英語のcalling）という語のうちに、マルチン・ルターの聖書翻訳以前にはなかった「或る宗教的な ― 神から授けられた使命という ― 観念が少なくとも他のものとともに籠められており」、「プロテスタントの優勢な諸民族の場合に、かならずそれが」見いだされる(2)と指摘した。ヴォーリズが来日した明治38年（1905）に並行する明治37～38年のことである。

　ここで言われる資本主義の精神とは、大塚久雄によれば、「人々を内側から一定の方向にむかって押しうごかしていくところの『倫理』的雰囲気であり、彼の好んで用いる述語をもちいると、そうした近代の西ヨーロッパに固有な『エートス』（Ethos）なのである」(3)。

　カルヴィニズムの倫理というエートスがヴォーリズの根底にあって、内側からヴォーリズを突き動かす起動力となり、社会にむかって能動的に働きかけるその姿勢が、ヴォーリズの信仰の冒険旅行であった。

設計組織 ── ひとつの樹、ひとつのエートス ──

　ヴォーリズ直筆の設計図面はほとんど見あたらないが、ノートや封筒の裏などにフリーハンドで画かれた平面計画のエスキースが、一粒社ヴォーリズ建築事務所に保管されている。このなかに、神戸女学院岡田山学舎の最初の配置計画の考え方を示すスケッチと、主要な建物の平面計画スケッチが残されていた［図2・3］。図書館の平面スケッチには「Italian Details?」という文字があり、ヴォーリズが計画の初期から、いわゆるスパニッシュ・ミッション様式（赤瓦の地中海様式）を想定していたことをうかがい知ることができる［図4］。

図1
1937年のヴォーリズ建築事務所所員
（L.G.チェーピンは1913年に帰国、佐藤久勝は1932年に死去のため、この中にいない）
「信・働・愛」はヴォーリズの書、聖書のことば「信・望・愛」をもじった信仰的ジョーク

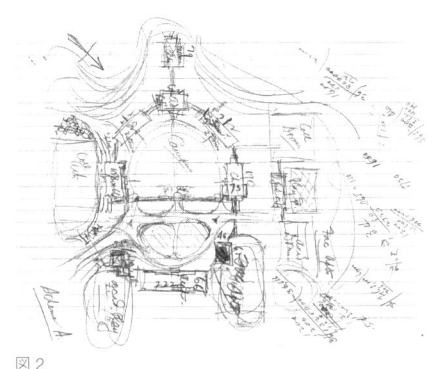

図2
神戸女学院岡田山学舎配置計画案
W.M.ヴォーリズによる広場型キャンパス構想を示す計画スケッチ

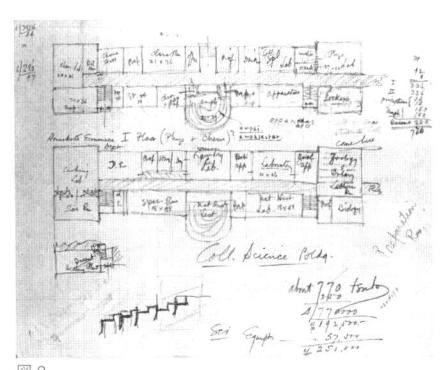

図3
神戸女学院岡田山学舎理学館
W.M.ヴォーリズによる平面計画スケッチ

ヴォーリズはプランナーであった、と先輩たちから伝えられているとおり、彼の立面スケッチはほとんど見あたらない。言葉でイメージを指示するとしても、立体的なデザインや詳細の具体化はスタッフに任されていた。

　細部まで考え抜かれた平面スケッチが出来あがると、ヴォーリズの「バンザイ！　できました」という声を聞くのが常であった。平面計画がプランニングと呼ばれるとおり、平面の中に空間のすべてがイメージされ、計画は完成していた。あとは立体に構成するためのドローイングを待つばかりである。

　昭和7年（1932）1月までは、ヴォーリズ事務所の主要な意匠設計はヘッド・ドラフトマンであった佐藤久勝が担当したと伝えられる［図5］。佐藤久勝邸の色鉛筆による丸いステンドグラスの下絵と同じ筆跡の、プロポーザルのために着色された立面図やパースが数多く残っている。

　H・佐藤さんと呼ばれた久勝は、当時、主として担当していた大丸百貨店大阪心斎橋店の御堂筋側最後の工事中に、43歳の若さで急逝する。昭和6年に、ヴォーリズの合奏パートナーであり、秘書でもあったヴァイオリニスト、高木五郎が天に召されたが、それに続く、ヴォーリズにとってはまさに受け入れがたい死であったと思われる。

　吉田悦蔵は久勝を「立体芸術の天才」と称え、ヴォーリズは「芸術的ドローイングと独創的デザイン」、「最も才能に恵まれた、多芸多才の天才」(4)と賞讃し、早すぎる彼の死を追悼している。

　ヘッド・ドラフトマンの画く下書きにサインのあることは例外で、佐藤久勝のH.S.というサインのある図面は少ない。ヴォーリズ建築事務所の草創期、関西学院原田学舎や京都御幸町教会の図面に、L.G.チェーピンのもとでドラフトマンをつとめたH.S.を見るのみであり、そのチェック欄にはL.G.C.とある。

　隈元周輔によると、大阪肥後橋の大同生命本社屋の設計段階で、最初の立面計画はE.ボンタがスケッチしたが、ヴォーリズの指示によって久勝が再度スケッチを作成することになり、隈元が実施設計図として清書したという。

　東洋英和女学院は昭和8年に神戸女学院と時を同じくして竣工するが、昭和6〜7年に画かれたその立面スケッチのサイン欄にはM.S.とあり、もうひとりの佐藤さんである佐藤正夫が担当したことが分かる。M.佐藤や隈元周輔（S.K.）はドラフトマンとして実施設計を担当し、施工中にも多数の詳細図や原寸図を画いている。ことにM.佐藤の鉛筆のタッチからは、実際に完成したヴォーリズ建築の優しく暖かい感触が伝わってくる［図6］。

　ほとんどすべての図面にK.M.すなわち村田幸一郎［図7］のサインがあり、村田が施工段階の総責任者であったことが分かる。吉田悦蔵は「2丁のソロバンを同時にはじく」と言われたほどに、主として経営に才を発揮したようであるが、吉田悦蔵邸や軽井沢事務所など、E.V.Y.のサインのある美しい図面が残っている。中央のVは兄弟VORIESのVである。

　昭和12年（1937）刊行の『ヴォーリズ建築事務所作品集』の序文で、ヴォーリズは「当事務所はただ一人の舞台（one-man show）ではないことは、今更贅言を要しないことである。……いつも統制のとれた団体で、必要な専門家達が各自の専門の受持を担当し、また専門家同志の相互扶助をなしうる建築事務所を設けるより他はないと思う」(5)と書いている。ここで、「統制のとれた団体」と和訳されている言葉をヴォーリズの原文で見ると、「well-articulated organization」となっている。上からの統制ではなく、「適切に分節された組織体」という意味であって、各人は一定の専門領域を受けもつが、単独ではなく、全体との関連において成立している存在であることに注目したい。

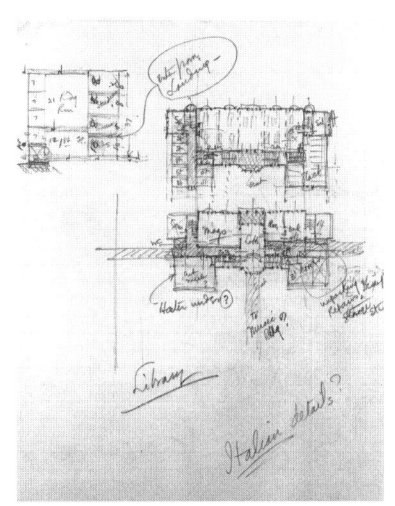

図4
神戸女学院岡田山学舎図書館、W.M.ヴォーリズによる平面計画スケッチ
右下に「Italian details?」の文字がある

図5
佐藤久勝

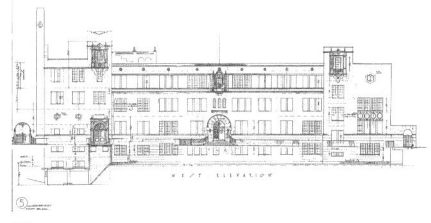

図6
東洋英和女学院

図7
左から村田幸一郎、ヴォーリズ、吉田悦蔵

図8
室谷邸
プロポーザル・スケッチ

図9
神戸女学院文学館
プロポーザル西立面図（北側部分）

図10
神戸女学院文学館西面（北側部分）

メレル・ヴォーリズは人を組み合わせて建てあげることにおいて、真に建築家であったのである。

西洋建築様式の総合的応用

外観デザインは、同じプランに対して複数のプロポーザル・スケッチを提示することが多かった。平成19年（2007）1月に、惜しくも解体されてしまったチューダー・ゴシック様式の傑作、室谷邸には、ゴシック、スパニッシュ、コロニアルの3種のプロポーザル・スケッチが残っている。おそらく、M.佐藤によるドローイングであろう［図8］。

神戸女学院の図書館外観のプロポーザル・スケッチには、A案のアメリカン・ゴシックとD案として日本城郭スタイルを試みた2枚のスケッチが残っている。実施案はスパニッシュであるから、少なくとも他にもう1案あったことになる。同志社アーモスト館のようなコロニアルか、カナディアン・アカデミーに採用されたチューダー・ゴシックと考えられる［図9・10］。スパニッシュに決定されたのちにも、現在の意匠に至るいくつかのバリエーションが検討されている。それが佐藤久勝によるスケッチであることは、色鉛筆のタッチから推定される。

昭和10年（1935）を過ぎると、ヴォーリズ事務所も国際様式の影響を受けて、スカイラインを決めるパラペットに、単純な水平ラインを採用した作品を造るようになる。インターナショナル・スタイルを様式の一つとして採用したものであって、ヴォーリズが批判した、時代の先端を標榜するモダニズムではない。それが証拠に、内部は初期の作品と共通するディテールや材料、工法が採用され、決して工業化指向ではないヴォーリズ建築の空間の質が保たれている。

ヴォーリズは、このような様式建築の応用を「当事務所の建築設計の多くは、総合的のもので、特定の型に囚はれることを避け、各種異形の特徴を統一したるものである。すなわち、古典型を選択し、これに近代的改善を施せるものである」[6]と説明し、これを雌馬と雄驢馬から生まれた騾馬に例えている。

「騾馬は競走馬のように、美術的な流線型の姿ではなく、なおまたポロ用の仔馬の如くバネ仕掛けのような敏捷さはないことは事実であるが、いざ、田畑の耕作とか、荷物の運搬とかの場合になると必ず騾馬を用いる」[7]、つまり、「建築上の様式の非常に目立った進出を試みんとするものではなくて、」「日常生活の使用に対して、住み心地のよい、健康を守るによい、能率的建物を要求する熱心なる建築依頼者の求めに応じて、われわれはその意をよく汲む奉仕者となるべきである」[8]。このことばに、ヴォーリズ事務所の基本的な設計姿勢が表明されている。

建築設計資料

ヴォーリズ建築事務所に伝えられている建築設計資料の中で重要なものの一つは、建築雑誌や建築書籍の切り抜きスクラップ・ファイルである。様式ごとに分類されたスタイル・ブックになっていて、建築だけではなく照明や家具から樋などにおよび、デザインをまとめる時の頭脳の散歩道になっていた。

その主要な出典は、1920年の創刊後、継続的に刊行されていた THE ARCHITECTURAL DIGEST（JHON C. BRASFIELD Publisher）や、建築雑誌 AMERICAN ARCHITECT であると考えられる。その中には、20世紀の初頭、米国の多くの重要な建築を共同で設計し、当時の様式的建築デザインの主導的位置にあった

R.A.クラムやB.G.グッドヒューの作品もある。ゴシックに固執することなく、様式の応用について幅広く自由な取り組みをしたグッドヒューの作品は、ヴォーリズ建築の格好のお手本であった［図11］。

そのほか、米国版建築資料集成*TIME SAVER*や、建築各部のディテール集*DETAILS OF BUILDING CONSTRUCTION*（CLARENCE A. MARTIN, BATES & GUILD COMPANY, 1908）などがあった。

こうした書物のなかに破れたページの和紙による丁寧な修理や、なぞるような鉛筆の書き込みを発見すると、ページを繰りながら考えた先輩たちの頭の中をのぞき込む思いがしたものである。

さらに、F.K.キッダーによる歴史的洋式トラス構造に関する*TRUSSED ROOFS AND ROOF TRUSSES*や、近代建築の技法書*THE AMERICAN VIGNOLA*などが揃えられていて、構造技術や意匠設計の基本を習得することにも厳格に取り組んだ様子が見て取れる。これらは「近江ミッション」の活動方針の第2項にかかげられた、「専門家気質ではなく、プロのサービスを」（Professional service without professionalism）[9]という宣言を思い起こさせる。

もっとも、実際の設計に際しては、資料をそのまま写し取ったわけではない。たとえば、窓周りの水切り面台の勾配は、資料では10度になっているが、ヴォーリズ事務所の実施図面では通常、20度の傾斜を取ることが規準になっていた。スパニッシュ様式の場合、軒の出の寸法をやや大きく取り、切り妻側にも刳り型の形状を工夫して庇に代わる雨仕舞いが確保され、また、原寸図や建物をよく観察すると、瓦の下の刳り型が水切りを考慮した角度に切りつけられ、日本の気候に合わせて雨水の浸入や壁の汚れを防ぐことに注意が払われていたことが分かる。こうした細部への心くばりにはいつも敬服させられる。

人と人とをつなぐディテール

「もしも建物がその設計において、建築において、充分均整のとれたものであれば、それは必ず性格の上に、感情的にも道徳的にも何らかの感化を与える筈である。……しかし、如何様なるものが均整であるかということは難しい問題で、容易に規則や法則で定めるべきものではない」[10]。

ヴォーリズは建築の形や色彩のバランスだけではなく、材料や工法から建築設備や家具にいたる、すべての建築要素に統合的な均整を求める。そして、「その最も重要なる機能の一つは、永年の間に人々の心の内部に洗練された趣味とともに美の観念を啓発すること」[11]とし、この均整の創る「美」が、単なる有用性という意味を超えた、人間の住まいとして備えるべき「機能」であることを示唆している。

私はヴォーリズの建築を経験する時、「均整」という「美」の追求へと人を押し出すエートスともいうべき建築設計作法は、抑制されたディテールに顕れると考えている。ヴォーリズが建築の各要素を立体芸術として組み立てるために応用した様式的ディテールは、要素と要素を関係づける機能であるが、それは人と人とをつなぐ機能でもあり、その空間に住まう人への愛の実践である。

床と壁の取り合いは掃除しやすく、ゴミが溜まらぬように入り隅を丸くする。腰は汚れの付きにくい木製のパネルか、あるいは麻のクロスを貼って、ペンキで仕上げる。腰には家具をぶつけて傷つけぬようにチェアーレールを設け、壁と天井はモールディングでつないでひと続きの空間を造る。そうすると、部屋にいる人に、包まれるような安らぎを与える。そして、光と風を豊かに採り入れる窓。階段は上りやすく、ただ緩やかであればよいというものではない。上

図11
グッドヒューの建築写真
東洋英和女学院の鳥居坂に面するファサードのヒントになったと思われる

りたくなるような勾配をみつける。手摺は手に馴染んで持ちよい形、色彩は目に優しく、小さな色を重ねて深みを持たせる。部屋には暖炉やベイ・ウインドウを設けて、人と人とが出会うところをつくる。

軽井沢からの手紙

　昭和30年（1955）年7月30日、軽井沢からI.C.U.の副学長、ハケット氏の問いに返信したヴォーリズ直筆の手紙が残っている。

　一年前に竣工した学生会館のパラペットから雨水が外壁を流れて汚れるという問題が起こり、その解決方法についてスケッチを交えて説明している。いま手当をしておかないと手遅れになり、かえって費用が嵩む。「ご婦人方の受けとるほどのパーマネントではなく、これが最終になるような、永続的な治療（permanent cure）をしておきたいものです」と、ヴォーリズ生来のユーモアをもって結んでいる［図12］。

　このころ、初期の同志であったスタッフの多くはすでに天に召され、加えて、近江兄弟社は現実的な経営判断からヴォーリズの理念に反する定年制を採用し、ヴォーリズ建築事務所は世代交代を果たしていた。

　先の手紙の年、75歳に達していたメレル・ヴォーリズは、建築主から若いスタッフをサポートする責任を迫られ、その負担は日々に大きく、重く、のしかかっていたのではないか。

　当時のヴォーリズの走り書きが残されている。「Team-work needs emphasis & practice ___ in all jobs we handle. Best talents must be on I.C.U.」（「吾々が担当する仕事において、ティームワークこそ、強調し実践する必要がある。各人に与えられた才能をI.C.U.に結集しなければならない」）。

　この手紙の翌年、村田幸一郎が天に召された。その1年後の昭和32年8月、ヴォーリズは軽井沢で蜘蛛膜下出血のために倒れ、近江八幡の自宅（現・ヴォーリズ記念館）における7年間の療養生活に入る。私は先輩の後について病床を訪ね、満喜子夫人の勧めで、透き通るようなピンクの頬をみせて眠る師と握手したことが忘れられない。

　ヴォーリズの残した数々の建築は、すべてのものがひとつの「大きないのち」のうちに生かされてあることを、私たちに伝えている。

（いしだ・ただのり　石田忠範建築研究所代表・元一粒社ヴォーリズ建築事務所代表取締役）

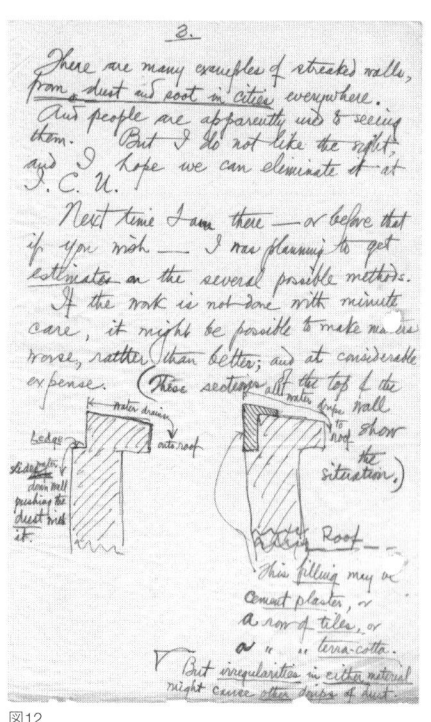

図12
メレル・ヴォーリズから I.C.U. 副学長ハケット氏あての手紙
（軽井沢にて、1955年7月30日）

引用・参考文献
(1) 吉田悦蔵『近江の兄弟』近江兄弟社、1923年。
(2) マックス・ウェーバー著、梶山力・大塚久雄共訳『プロテスタンティズムの倫理と資本主義の精神』岩波書店、1955年。
(3) (2)の大塚久雄による解説。
(4) W.M.Vories, *A MUSTARD-SEED IN JAPAN*, 近江兄弟社、1934年。
(5) (6) (7) (8) 中村勝哉編輯・発行『ヴォーリズ建築事務所作品集 1908-1936』城南書院、1937年。
(9) W.M.Vories, *A MUSTARD-SEED IN JAPAN*, 近江兄弟社。
(10) (11) W.M.ヴォーリズ『神戸女学院新築校舎建築の要素—設計者の言葉—』、神戸女学院同窓会『めぐみ』誌、1933年。

スパニッシュなヴォーリズ

藤森照信

ヴォーリズってだれ？

　時代をはっきりさせておいたほうがいいだろう。日本の近代建築の研究、大雑把にいうなら幕末、明治初期から第二次大戦の終結までの間に作られた新しい建物、そのほとんどは欧米の影響を受けて成立したものにかぎられ江戸時代からサバイバルしてきた類は含まれない、そういう近代建築の研究を私が志したのは大学院に進んだ昭和46年のことだった。1971年だから今から37年前になる。

　これは断言していいが、その頃、ヴォーリズという名を知る建物関係者はごくまれだった。当時、日本の近代建築の歴史を調べ、日本の現代建築について論評するのをもっぱらの仕事としていた村松貞次郎東大教授の研究室のなかでも名を知るのは教授1人。

　ただ研究室の本棚には背表紙にヴォーリズの名の入る本が2、3あって、そのうち1冊は比較的新しく、そういうヘンな名の建築家がいるらしいが、どこにいて、何をして、今も生きているのかどうかも分からないし、関心もない。

　そんな状態のなかで関心の隅にちょっと入り込んできたのは、今は亡き建築評論家の小能林宏樹さんが"みんながヴォーリズを忘れているのはけしからん"というような一文を雑誌か何かに書いているのを読んだからだ。当時、小能林さんは、日本の戦後建築家たちが戦前の成果にまったく関心を払わないのを怒っていたらしく、ヴォーリズのほかにも藤井厚二の聴竹居のすばらしさをしきりに述べていた。

　で、村松教授にヴォーリズってだれかと聞いてみた。「戦前の関西の建築家だョ」。そう聞いて、大阪か神戸かそのあたりでやっていた建築家なんだと早合点した。だいいち、名だって、ヴォーリズではなくてヴォーリ・スとよんでいたくらいにあいまいだった。それから何年後かに山形政昭さんにはじめてお会いした時、私の最初の質問は、ス・かズ・かどっちが正しいかだった。

　今は建築関係者でヴォーリズを知らない者はいないし、本拠が滋賀県の近江八幡にあったこと［図1］は少し建築に関心があればふつうの市民でも知っている。ヴォーリズに関心を持つさまざまな人たちの尽力のおかげで、今は、日本の社会の中での知名度は、建築家としてはそうとう上のほうに位置するとみてまちがいない。

　長いこと設計にたずさわったのになぜか日本の建築界ではそれほど注目されず、しかし、ひとたび知られはじめると、ふつうの市民の間では建築界を越えて盛りあがる——この珍しい現象のなかに、実はヴォーリズという建築家の本質が隠されているようにも思われる。そのあたりについて、以下、考えてみたい。具体的な作品としては、スパニッシュ様式の一群を取りあげる。

図1
ヴォーリズ建築事務所　1920年頃

アメリカ発スパニッシュ・ブーム

　日本では、大正末から昭和初めの限られた時期に、スパニッシュ様式と呼ばれる独特の西洋館がたくさん建てられている。名のとおりスペイン風という意味だが、スペインから直接やってきたスタイルというわけではない。赤煉瓦のイギリス風西洋館とか木造のドイツ風洋館などとはそこが違っていて、起源はスペインにあるが、日本へはアメリカから太平洋を越えて、大正の末に上陸した。アメリカ産のスペイン。

　その頃、世界に広くスパニッシュ・ブームが起こっていたかというと、そんなことはまったくなく、アメリカと日本のブームだったことが今は分かってい

る。

アメリカ発のブームだが、アメリカにおいては日本のように突発的ブームだったわけではなくて、ずっと前から脈々と作られつづけたスペイン風の建築が、この頃、にわかに全国的に注目され広まったというようなブームだった。

アメリカの西海岸からメキシコにかけて、さらに山を越えて中部の乾燥地帯にかけて、古くからスペイン人入植者によるスペイン風建築が建っていた。それらのスペイン人が拓いた土地はアメリカに譲渡され、アメリカの建築的伝統の一つにスペイン建築が組み込まれ、それがやがて、スパニッシュ・ブームの震源になり、さらに太平洋を越えて対岸まで伝わるのだが、ヴォーリズはそうしたアメリカのスペイン伝統地帯で生まれ育っている。

生まれはカンザス州だから、正確には旧スペイン領の隣りだが、7歳で転居したアリゾナ州は旧スペイン領の中核地帯、さらに15歳で移ったコロラド州のデンバーも旧スペイン領。デンバーに行った時、ヴォーリズの通った高等学校に寄ったことがあるが、当然のようにスパニッシュだった。大学もコロラド大学。

そして日本にキリスト教布教のためにやってきて、途中から布教と不可分の関係で建築設計事務所を開き、日本の建築家となる。その頃、ヴォーリズに接した日本人にとって"アメリカから来た建築家"という以上のことは分からなかったと思う。

ヴォーリズとガーディナー

同じアメリカから布教に来て建築も作ったもう一人の人物として知られるジェームズ・ガーディナー［図2］とくらべてみよう。ガーディナー（1857-1925）は中部生まれでハーヴァード大学の建築出身。ニューヨークの建築事務所で実務を身につけてから日本に来ている。布教活動に携わっていたけれども、オーソドックスな建築家である。ところがヴォーリズの方は、南西部の旧スペイン領の出で、建築の高等教育は受けていないし、なんと実務経験もない。

ガーディナーをプロとするなら、ヴォーリズはアマチュアである。

設計事務所を開いた当初の作品を見ると、たとえば明治42年（1909）の福島教会とか43年の京都丸太町教会とかは、日本のヴォーリズ研究の第一人者・山形政昭博士もいうように「アマチュア建築士として出発したころの個性を考えるうえでも興味ある貴重な建築である」。山形博士はそうハッキリ書いているわけではないが、そうとうにヘタといっていいだろう。アマチュアならではの思い付きとかプロポーションの悪さとかディテールの甘さとかを禁じえないのである。ヴォーリズ建築の保存にこれまで長く協力してきた者としては口にしたくない言い方になるが、まるで舞台のセットのように見えてしかたない。重さがないというか、裏が付いていないというか、建築という存在を支えるに必要なさまざまな物体的条件が希薄なように感じられる。存在感に乏しい。

もちろんこうした舞台セット的印象は次第に克服されてゆくのだが、ヴォーリズは、自分はプロではないという自覚をずっと持っていただろう。福島教会も京都丸太町教会もゴシック様式だが、ガーディナーが残したゴシック様式との差はあまりに大きかった。特に京都にはガーディナーの代表作にして名作の聖ヨハネ教会（現在、博物館明治村）［図3］が厳然とそびえていた。明治40年に聖ヨハネ教会が完成し、そのわずか3年後に丸太町教会［図4］を作っている。

ゴシック様式はキリスト教会を代表する正統的スタイルだから、形からプロポーションからあれこれウルサイ決まりごとがあり、ハーヴァードで正統を学

図2
J.M. ガーディナー

図3
聖ヨハネ教会　明治40年
現在、博物館明治村に移築されている

んだ者の仕事とはくらべるべくもないのである。

　ガーディナーとヴォーリズの建築家としての日本での活動時期は、ガーディナーの晩年の17年間が重なるが、ヴォーリズはガーディナーのことを宣教師としても建築家としても強く意識していたのではないか。建築家としての経歴が対比的なことはすでに述べたが、宣教師としても対比的で、ガーディナーはミッションスクールとして創立された立教学校（現・立教大学）の校長をつとめるほど組織的存在であったが、ヴォーリズは自ら布教の先頭に立ち、近寄ってきてくれた少数の信者と小さなコミュニティを作って布教人生を終えている。

"何でもあり"のスパニッシュ様式

　ヴォーリズがガーディナーの存在をどう意識していたかは分からないけれど、もし、建築家として自分はアマチュア、相手はプロと思っていたとするなら、大正の末に太平洋の両側でスパニッシュ・ブームが起こった時、自分の時代がついに始まったと思ったかもしれない。スパニッシュこそ、ヴォーリズにとって体得的スタイルだったからだ。

　もちろんスパニッシュ・ブームにその波頭で反応し、最初の導入者としての歴史的栄誉こそ他人に譲るが、初期の中心的導入者として大いに活躍し、ブーム全体を通しての最大の貢献者となった。

　スパニッシュ第1作となる大正14年（1925）の旧朝吹常吉邸［図5］はじめ、東洋英和（昭和8年）、関西学院（昭和4年）、小寺邸（昭和6年）などなどたくさんのスパニッシュを手がけ、いずれも輝きがある。光彩陸離というか、水を得た魚のようにというか。

　これは、ヴォーリズがなじんだスタイルであっただけではなく、そもそもスパニッシュというスタイルの性格と深く関係しているのではないか。

　スペイン建築は、ヨーロッパの中ではヘンな存在で、オーソドックスとはズレている。途中でイスラム建築の強い影響を受けたせいだが、ごった煮的性格をもってしまった。何でもありなのだ。イスラム起源、クラシック（ギリシャ・ローマ）起源、ゴシック起源、あれこれの起源が混じりあう。

　このごった煮性、何でもあり性はそのままアマチュア建築の本質である。そうしたアマチュア性がアメリカの田舎に伝わり、土着した。元々、アマチュア性の強いスタイルに、旧スペイン領の人々はさらに輪をかけてしまった。

　そうしたなかで、ヴォーリズの建築眼は形成され、建築教育を受けなかったから、矯正されることはなかった。

　先に、ヴォーリズ建築にかかわる現象として、「建築界ではそれほど注目されず、しかし、ひとたび知られはじめると、ふつうの市民の間では建築界を越えて盛り上がる」と書いたが、おそらくふつうの人は、ヴォーリズ建築のなかに、自分たちと同じアマチュア性を感じ取っているにちがいない。素直に入っていけるし、入ってくるのだろう。

　　　　　　　（ふじもり・てるのぶ　東京大学生産技術研究所教授）

図4
京都丸太町教会（平成7年に建て替え）

図5
旧朝吹常吉邸　大正14年

ヴォーリズとモダン都市
海野　弘

図1
近江ミッションの仲間たち　1912年1月

キリスト教とモダン建築の境界

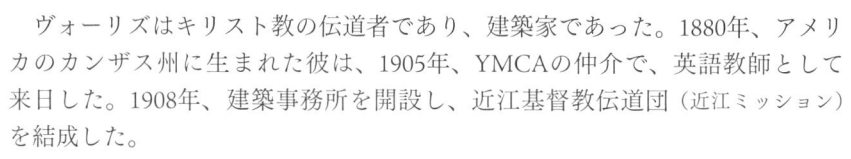

　ヴォーリズはキリスト教の伝道者であり、建築家であった。1880年、アメリカのカンザス州に生まれた彼は、1905年、YMCAの仲介で、英語教師として来日した。1908年、建築事務所を開設し、近江基督教伝道団（近江ミッション）を結成した。

　キリスト教と建築の両面による活動に私は魅せられるが、その両面が私の中でまだうまく結びついていない。それぞれの面で私にはわからないことがあり、そのために、ヴォーリズを日本の近代史にうまく位置づけられないのだ。その疑問に私はまだ答えられないが、ヴォーリズ研究でどこが空白かを指摘して、これからの研究を期待したいと思う。

　ヴォーリズについて興味を持った私が最初に意外であったのは、日本のキリスト教史で、彼がほとんどとりあげられず、評価されていないことであった。来日した欧米の宣教師をかなりくわしくあつかった本でも、ヴォーリズはあまり出てこない。

　一方、日本の近代建築史もヴォーリズをあつかいかね、どこに位置づけるかわかっていない。彼の建築スタイルがどこからきているのか、どこに属するのかがわからない。

　このようにヴォーリズは、宗教と建築、アメリカと日本という二つの世界の境界に宙吊りになったままで、その仕事の意味が私たちに明らかになっていない、と私には思えるのだ。

ヴォーリズの日本への旅

　ヴォーリズはなぜ、日本のキリスト教史できちんとあつかわれないのか。彼の〈キリスト教〉は、アウトサイダーだったのではないか。それはアメリカの〈キリスト教〉の状況の中で考えてみなければならない。19世紀末はアメリカの宗教的覚醒運動の時代であり、クリスチャン・サイエンスからテオソフィー（神智学）などのニュー・セクトがあらわれていた。ここではとてものべきれないが、ヴォーリズが日本へ向かうのも、19世紀末のアメリカの宗教的な波の中で考えるべきではないだろうか。

　奥村直彦『ヴォーリズ評伝』（港の人、2005年）は、キリスト教の枠内からではあるが、ヴォーリズの宗教的起源をたどっている。そこで、ヴォーリズがある教会のためではなくYMCA運動として来日したことを指摘しているのは重要である。「神学や教義よりも、福音の実証としての倫理や生活の向上により深い関心を持つ。」（同書）

　おそらくこのことが、オーソドックスな宗派を主流として語られる近代キリスト教史からヴォーリズがはずれてしまう理由の一つなのだ。

　しかしそのような枠をはずして考えてみれば、彼の宗教活動の豊かな意味が浮かんでくる。彼の〈キリスト教〉はいかにもアメリカ的な、セルフメイドで、ユートピア志向の宗教的情熱なのだ。

　それは、西へ西へとフロンティアを求めて進む。私は『癒しとカルトの大地』（「カリフォルニア・オデッセイ」4　グリーンアロー出版社、2001年）でアメリカ神智学協会のキャサリン・ティングレーが「ユニヴァーサル・ブラザーフッドと神智学協会」を率いて、カリフォルニアのロマ岬にユートピアを建設したことを書いた。

　このような西へ西へと向かう運動が、ヴォーリズの日本への旅を刺激してい

るのである。また近江兄弟社を結成するのも、〈ブラザーフッド〉という結社の形を受け継いでいるのだ。

　おそらく、これまでのオーソドックスな近代キリスト教史が書き換えられ、周縁的で多様な流れが入ってくる時、ヴォーリズの孤立した特異な活動もその意味を明らかにするだろう。

ヴォーリズの建築はどこからきたか

　ヴォーリズがどのように建築を学んだのか、あまりはっきりしない。コロラドのデンバーの高校に学んだ時、建築家になりたいと思い、MITに入ることにするが、家庭の事情でコロラド大学に入った。YMCAに参加し、そこでキリスト教伝道の召命を受け、建築を断念したという。

　しかし、日本で伝道をつづけつつ、そのための青年会館などをつくる必要や、資金を稼ぐために、1908年にヴォーリズ建築事務所を設立する。この経歴では、どこで建築を学んだか、はっきりしない。MITへの受験の時にいくらか勉強したのだろうか。また、伝道に生涯を捧げる決意をして、建築への夢を中断していて、いきなり建築家にもどれるのだろうか。

　このあたりがどうもよくわからない。ここでいえるのは、彼の建築がほとんど独学であり、アマチュア的なものだったろうということである。そのようなことが可能だろうか。

　19世紀末にはそれが可能だったと思われる。そしてそのことがヴォーリズの建築の特徴を語るのに重要であるだろう。

　ヴォーリズのセルフメイドの建築は、19世紀末、アメリカに広まったアーツ・アンド・クラフツ運動の中でとらえられるのではないか、と私は考える。イギリスで出発したアーツ・アンド・クラフツ運動は、ウィリアム・モリスなどによって展開されるが、アメリカに伝えられる。そしてむしろアメリカで広い影響力を持ったことが近年明らかにされるようになった。1893年のシカゴ博などが大きな刺激となり、グリーン・アンド・グリーン（チャールズとヘンリーのグリーン兄弟）の工房などがあった。

　アメリカのアーツ・アンド・クラフツ運動は、ニューヨークを中心とする東部より、シカゴから西の、中西部やカリフォルニアで広まった。それはアカデミックな枠から自由で、セルフメイドを許容する地域であり、また、東洋、日本などとの融合が受け入れられる場であった。ヴォーリズの学んだデンヴァーもこの地域に入っている。私は彼を、アメリカのアーツ・アンド・クラフツ運動の中に位置づけて見る必要があると思うのである。

　フランク・ロイド・ライトもアメリカのアーツ・アンド・クラフツ運動から出てきた建築家である。アーツ・アンド・クラフツ運動の中に吸収されたジャポニズム、フォーク・アート・ルネサンスなどの要素も注目される。

　ヴォーリズのデザインの起源を、アーツ・アンド・クラフツ運動の中においてみると、フランク・ロイド・ライトの建築から、日本の民芸運動にいたる広いパースペクティブが見えてくるのではないだろうか。すでにのべたように、ヴォーリズはYMCAの活動を基本とし、〈ブラザーフッド〉の理想を掲げていた。それこそ、アメリカにアーツ・アンド・クラフツ運動を根づかせた土壌だったのである。

図2
ウィリアム・モリス（1834-1896）

図3
ギャンブル邸　1908年
グリーン・アンド・グリーンの代表作とされる地域色の濃い木造家屋

モダン都市スタイルとヴォーリズ

　ヴォーリズの建築は、近代建築史にどのように位置づけられるのだろうか。その起源、系譜がはっきりしないこと、また多様なスタイルが使われているために、〈折衷的〉と見られてきた。そして純粋性を求めたモダニズムにおいては否定的に評価されてきた。しかし1960年代以後、ポストモダニズムの状況の中で、現代建築が一本の主流ではなく、多様な流れを含むことが明らかにされ、アーツ・アンド・クラフツ、アール・ヌーヴォー、アール・デコなどのスタイルが再発見された。

　ヴォーリズの建築はこれまで、折衷的であり、商業的である、として評価されなかった。おそらく、キリスト教史においても世俗的で、純粋性に欠けるとして、評価されなかったのだろう。

　しかし私たちはやっと、世俗的で折衷的なものを評価できるようになった。ウィリアム・モリスは、芸術を特権化することなく、生活の中に見出そうとした。そして中世の職人の共同生活の中にその理想を見た。アートとクラフト、芸術と生活は一体化されなければならない。

　ヴォーリズの仕事もまた、モリスの夢を継いだものではなかったろうか。そのスタイルはアカデミックで、純粋なものではなく、生活のために、手もとにある、利用できるすべてのものを使い、折衷するというブリコラージュの方法によってつくられる。

　ヴォーリズは1908年から1950年代までの長い期間、建築に関わってきた。そして時代のさまざまなスタイルを吸収してきた。そのために、一つのスタイルでは語れないが、私は特に、1920・30年代のモダン都市への参加に注目する。それはおおまかに、〈アール・デコ〉としてくくれるが、アーツ・アンド・クラフツ、ミッション・スタイル、コロニアル・スタイル、ネイティヴ・アメリカン、スパニッシュなどの混合からなる。

　大阪の大丸百貨店、大同生命ビル、東京の山の上ホテル、京都の東華菜館、そして、おびただしい近代住宅建築などのヴォーリズの建築に、〈アール・デコ〉風なモダン都市風景が表現されている。

　信仰と芸術と生活の間で、ヴォーリズの全体像はまだあいまいではあるが、それらが一つのものとして語られる時、彼の魅力は花開くだろう。

（うんの・ひろし　評論家）

図4
大丸大阪心斎橋店のアール・デコの装飾に満ちた階段

アメリカ建築史から見たヴォーリズ
福田晴虔

アメリカ西部の「地域主義」

　ヴォーリズの建築の位置づけのためには、故国であるアメリカの建築界の動向を抜きには考えることができないのは当然のことだが、ヴォーリズが来日して活躍を始める1905年前後のアメリカの建築界には、一言では捉えきれない多岐にわたる現象が混在しており、また後にフランク・ロイド・ライトによって代表されるようなアメリカ建築の独自性も、まだ明確には認識されていなかった。そのような中で、来日後しばらくしてから建築活動を開始するヴォーリズが、その出発時点で建築についてどのようなイメージや理念を抱いていたのかは、容易には答えが見いだせない難問である。

　一方、ヴォーリズが少年から青年時代を過ごしたカンザスやアリゾナ、コロラドなどの西部は、東部海岸に比べると新しい建築の動きに反応するのがどうしてもやや遅れ気味で、まだ開拓時代の雰囲気から抜けきっておらず、そこでの建築は、都市の近代化に奉仕するための新たな様式を模索するというよりは、伝統的な形態レパートリィを組み合わせた、つましい「マイ・ホーム」、「マイ・タウン」を志向するものであった。そのスタイルは「コロニアル・スタイル」の名でひと括りにされることが多いが、実際のところは中身はかなり多様で、移住してきた人々のそれぞれの出身地の伝統的住居の記憶をどこかにとどめていて、北欧風もあればロシア風、ドイツ風、ヒスパニックなど様々であった。プレスビテリアンに属していた彼の家庭環境からすれば、ヴォーリズにとって最もなじみ深いのはアングロ・サクソン系の雰囲気であったと思われるものの、民族による住み分けの傾向が強い東部大都市の場合とは違って、様々な出自の人々が混在していた西部では、そうした様々なスタイルの混在は、さしたる抵抗感なく受け入れられていたと考えられる。

　東部の建築家たちですら、少なくともライト以前の人々は、西部や南部などの仕事を手がける際には、その土地のささやかな伝統に敬意をはらったスタイルを採用することが多かった。それは「折衷」というよりは「地域主義」に近いもので、19世紀ヨーロッパにおける「折衷主義」とはかなり色合いを異にするものであったといえるだろう。ニューヨークを中心に豪勢なクラブ・ハウスや金ぴかの公共建築、ロングアイランドの豪邸などを数多く手がけ、いわゆる「ギルデッド・エイジ」の主役となっていたマッキム・ミード・アンド・ホワイトの事務所でも、西部や南部などではある種のヴァナキュラー（土着的）な手法を採り入れることがあったし、ライトの師である「シカゴ派」の巨匠サリヴァンですら、コロラド州プエブロのオペラ・ハウス（1889）では、ヒスパノ・ラテンの味付けを忘れることはなかった。こうした「地域主義」的傾向は、その後のヨーロッパのモダニストたちからは保守的で反動的なものと糾弾されるのであるが、実はそうした一見保守的な装いの中には、同時期のヨーロッパの建築よりもはるかに近代的で合理的なプランニングや設備が収まっていたのであり、そのような外見だけによって一概にその「近代性」を問題にすることができないのが、この時期のアメリカ建築であった。

図1
コロラド州プエブロのオペラ・ハウス
設計：ルイス・サリヴァン
1889年（1929年火災焼失）

ヴォーリズのスパニッシュ・スタイル

　ヴォーリズは様々な建築スタイルのレパートリィを持っていたが、なかでも特筆されるのは、いわゆる「スパニッシュ」スタイルである。わが国におけるこのスタイルの流行はヴォーリズによって始められたものであり、また彼ほどこのスタイルを巧みに扱った建築家は、結局、日本ではその後も現れなかった

といってよい。しかも驚くべきことは、ヴォーリズがこのスタイルを採用したのが、アメリカ本国で流行し始めるのとほとんど同時で、ことによるとそれよりも先行していた可能性すらあるのである。合衆国におけるこのスタイルの中心人物は、フィラデルフィア生まれの建築家ジョージ・ワシントン・スミス（1876～?）であるとされるが、彼が独立して事務所をカリフォルニアに構えるのは1918年になってからのことであり、代表作が現われるのは1920年代に入ってからであるが、ヴォーリズがスパニッシュ・スタイルにつながるようなスタッコ掻き落としの壁面手法をとった近江八幡の吉田邸は1912年に計画されている。各部の意匠はまだクラシカルな面影をとどめているが、こうした地中海建築風の壁面処理は、ジョージアンのパラディアニズムを基本とするいわゆるコロニアル・スタイルにはあまり見られなかったものであり、これはやがて「オーダー」や「プロポーション」などに縛られることのない、自由なヴォリューム構成を可能にするものであった。

アーツ・アンド・クラフツとヴォーリズ

　「スパニッシュ・スタイル」、正確に言えば「スパニッシュ・コロニアル・リヴァイヴァル・スタイル」の流行のきっかけは、1915年、パナマ運河開通を記念してサン・フランシスコで行われた「パナマ・パシフィック博覧会」であったとされるが、このスタイルのルーツは18世紀ころからのスペイン人たち、とりわけフランチェスコ会修道士たちによる、カリフォルニア開拓事業（「スパニッシュ・ミッション」）の副産物としてできあがっていた「スパニッシュ・ミッション・スタイル」である。このスタイルの建築はヒスパニック系移住民のための教会や住居として西海岸一帯に造られていたものだが、スミスのような東部出身のアングロ・サクソン系の建築家たちがこれに着目するのは、主としてウィリアム・モリスによって主導され全世界に広まった「アーツ・アンド・クラフツ」の運動の影響を通してであった。ヨーロッパではこの運動はやがて「アール・ヌヴォ」に発展して、独特の耽美的装飾の展開に結びつくのであるが、アメリカの場合、ティファニィのような直接的にヨーロッパの影響を採り入れたものはむしろ例外的で、それぞれの地域性に着目しながら独自の途を探る傾向が強かった。ニューヨーク生まれでカリフォルニアに落ち着いたバーナード・メイベック（1862-1957）や、シンシナティ出身で同じくカリフォルニアに根を下ろし、独特の日本風意匠の住宅を造っていたグリーン兄弟（チャールズ・サムナー・グリーン、1868-1957；ヘンリィ・マザー・グリーン、1870-1954）、ニューヨーク生まれでサンディエゴを本拠としたアーヴィング・ジル（1870-1934）などは、すべて何らかの形でアメリカにおけるアーツ・アンド・クラフツ運動の一翼を担っていた人々であったが、彼らの多様な活動を「アール・ヌヴォ」の中に括り込むのはやや無理がある。

　ヴォーリズがモリスやアーツ・アンド・クラフツについてどのようなスタンスをとっていたのかについては、筆者はほとんど知識がないが、プレスビテリアンの家に生まれYMCA運動に参加することとなる彼が、それにまったく無関心であったとは考えられない。これは今後の研究課題としておかなければならないことだが、日本におけるアーツ・アンド・クラフツが「大正浪漫派」や「白樺派」と結びついた耽美的傾向が主流であったのに対し、ヴォーリズのそれがやや異なるスタート・ポイントであったらしいことに注目しておきたい。

図2
吉田邸
設計：V.M. ヴォーリズ
近江八幡
1912年

図3
クレイグ・ハーバートン・ハウス
設計：ジョージ・ワシントン・スミス
カリフォルニア州モンテシト
1916年

図4
パナマ・パシフィック博覧会（1915年）のカリフォルニア館（当時の絵葉書より）
設計：トマス・バーディット

都市的住宅の先駆者ヴォーリズ

　しかし上に挙げたような人々がアメリカで一定の評価を獲得するのは、その誇張されたヴァナキュラリズム、あるいは徹底した手作り主義への固執のためであったのに対し、ヴォーリズの「スパニッシュ」が、そのスタイルにまつわるロマンの味わいを遺しながらも、ほとんどヴァナキュラーな臭みを感じさせないものであったことにも注意しておく必要がある。これはこのスタイル発祥の地であった米国西部海岸とはまったく風土の異なる日本にそれを持ち込むということから、おのずと一定の抑制が働いたためとも考えられるし、また彼のユニヴァーサルな世界観とも関わるものであるのかもしれない。もとより「スパニッシュ」に限らず、彼が用いる様々なスタイルについても同じことが言えるのではあるが、特に「スパニッシュ」の場合には、そのことがその後の住宅建築のあり方に別の可能性を与えたのではないかと思われるのである。

　開拓時代以来の「スティック・スタイル」を母胎とする「バンガロー」風のアメリカの郊外住宅の多くが、ライトの「プレーリィ・ハウス」に至るまで（あるいは現代のツー・バイ・フォーによるものまで含めて）、常に「ヴィッラ」（非都市的な住宅）と呼んでよいような非都市的性格を保ち続けたのに対し、ヴォーリズの「スパニッシュ」は、そのヴァナキュラー臭を抜き去ることによって、近代の都市的環境の中に置かれてもさほど違和感を感じさせないものに生まれ変わっている。このことが、モダニズムの「白い家」が出現するまでの束の間のあいだではあったが、「西洋館」を日本の都市の中に根づかせるのに大きな役割を果たしたのではなかろうか。ヴォーリズによる「スパニッシュ」の導入がなければ、あの阪神間の住宅地の独特の明るい雰囲気は形成されることがなかったであろうし、住宅が市街の主役となるような都市空間が出現することもなかっただろう。それは19世紀の「クィーン・アン」スタイル（ダッチ・ルネサンス風とフランス・ルネサンス風をミックスしたスタイル）とはまた違った形で、都市の中にありながら肩肘を張らない、20世紀中産階級のための穏やかなエンブレムとなったのである。本国アメリカでこの可能性を見出しそのスタイルを定着させることとなるのがワシントン・スミスであったとすれば、ヴォーリズはこの点では彼に先んじた先駆者であったと言ってよいように思う。

　このように見るなら、ヴォーリズの建築は、日本という異国の土の上にありながら、実はアメリカの「草の根」市民社会に根ざした建築手法を、最も素直な形で体現したものであったと言えるかもしれない。こうしたアメリカ建築の一面は、摩天楼や巨大都市の現象の蔭に埋もれ、またモダニズムがそれとは相反する方向を目指したこともあって、ともすれば見過ごされがちであるが、「ポスト・モダニズム」以後、一定の再評価がなされるようになってきている。その「再評価」の仕方については色々と問題を含んでいる面があることも否定できないが、ヴォーリズの建築を手がかりとしてこの問題を考えてみることは、決して意味のないことではない。

　　　　　　　　　　（ふくだ・せいけん　西日本工業大学建築学科教授）

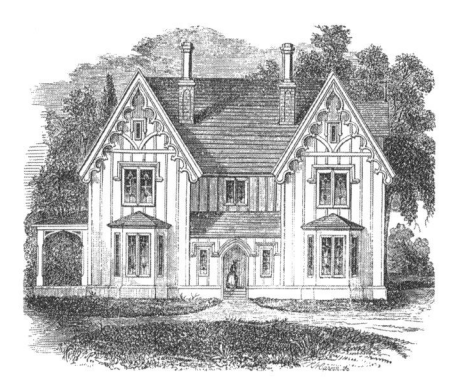

図4
バンガロー風の簡素な木造のコッテージ
設計：ジャーヴェーズ・ホィーラー

軽井沢とヴォーリズ
内田青蔵

ヴォーリズを生かした軽井沢

　建築家としてのウィリアム・メレル・ヴォーリズ（1880–1964）の活動を振り返ると、ヴォーリズにとって軽井沢は、近江八幡とともにかけがえのない場所であったことが分かる。それは単にヴォーリズが軽井沢に別荘や他の建築を数多く手掛けたという意味ではない。ヴォーリズは来日以後、多岐にわたる建築を手掛けたが、そうした建築の施主との出会いが軽井沢でのことだったことを指しているのである。いわば、来日直後の英語教師に身を代えての伝道の歩みは、建築家に身を代えての伝道へと変化せざるを得なかったが、それを可能にしたのが軽井沢での施主との出会いであったのである。

　ヴォーリズの来日は、明治38年（1905）1月末。その年の夏には、早くもヴォーリズは軽井沢を訪れ、以後、毎年、夏は軽井沢で過ごした。そして、結婚した翌年の大正9年（1920）には、軽井沢に九尺二間の小さいながらも瀟洒で愛情に満ち溢れた自らの別荘を設けた。まさに、軽井沢はヴォーリズにとって、仕事でも、そして、私的な生活においても最も大切な場所であったのである。

避暑地軽井沢の歴史

　ところで、では、何故、ヴォーリズは軽井沢という未知の地域にもかかわらず、そこで大勢の施主たちと出会えたのであろうか。そのわけは、軽井沢の避暑地としての発展を振り返ると見えてくる［図1］。

　軽井沢の避暑地としての発見者は、一般にカナダ生まれの英国聖公会宣教師のA.C.ショー（1846–1902）と友人の東京帝国大学文科英語教師のイギリス人J.M.ディクソン（1856–1933）といわれている。二人は、明治18年（1885）に軽井沢を訪れ、翌年、家族を伴ってひと夏を過した。そして、明治21年にはそれぞれ古民家を買い取って別荘として利用し、本格的な軽井沢での避暑を開始した（『軽井沢120年』軽井沢文化協会、平成15年）。ただ、近年、ショーが軽井沢を訪れる以前に出版された日本旅行案内書に既に軽井沢が紹介されていることが判明し、ショーが初めて軽井沢を紹介したのではないことが知られるところとなった。

　それはともかくとして、ショーとディクソンが別荘を構えた明治21年に、軽井沢に滞在した外国人は158名で、以後明治22年は173名、明治23年には226名と早くも5割近く増加し、また、当初は二人の2戸しかなかった別荘も徐々に増え、明治30年には30戸を数えるなど、軽井沢は外国人の避暑地として定着し始めていたのである。

　軽井沢を訪れた外国人の大半はアメリカ人とイギリス人で、明治23年8月27日の『信濃毎日新聞』では「彼等の多くはキリスト教信者なり（中略）一室を借りて仮の教会となし、そこに集まってキリスト教を説くにあり。その前講として彼等は近隣の小児を集め、絵図を以てイエスやヨハネについて説けり（中略）その伝道の巧みさは実に驚く」と伝えている。この記事から、軽井沢滞在の外国人はキリスト教信者で、かつ、宣教師が多かったことが窺えるのである。彼らは、軽井沢の避暑の期間中は、布教活動でお互いに張り合うことなく仲良く過ごすことを定め、また、今日ユニオンチャーチとして知られている軽井沢合同基督教会を明治30年（1897）に創設している。日本各地で布教に散っていた宣教師たちにとって、軽井沢での夏の2カ月は同じ言葉と同じ習慣の仲間たちと生活できるまさに"ふるさと"であったのだ（小林収『避暑地　軽井沢』平成11年）。

図1
愛宕山から見た大正期の軽井沢全景

図2
ユニオンチャーチ

さて、現在のユニオンチャーチ［図2］は、大正7年（1918）に建て替えられたもので、ヴォーリズの代表作品でもある。加えて、その隣の軽井沢会のテニスコート・クラブハウスも昭和5年のヴォーリズ建築である。こうした軽井沢のシンボルともいえる建築を手掛けていたことからも、ヴォーリズが軽井沢の避暑仲間である宣教師たちの深い信頼を得ていたことが分かる。いずれにせよ、明治38年（1905）に軽井沢を訪れ、ここが宣教師たちとの交流の場であり情報交換の場であることを知ったヴォーリズは、建築活動を展開するにあたって、明治43年ヴォーリズ合名会社を興すとともに、明治45年には軽井沢にも建築事務所を開設した［図3］。ヴォーリズにとって、軽井沢での宣教師たちとの交流は、まさしく、施主との出会いを意味していたのであり、その出会いが軽井沢での別荘建築、彼らの布教の証としての教会堂、さらには、彼らが布教の一環として興したミッションスクールといった建築作品を生み出したのである。

図3
ヴォーリズ建築事務所の軽井沢事務所

軽井沢の建築を牽引したヴォーリズと「あめりか屋」

　ところで、こうした外国人を中心として広まった避暑地軽井沢も、大正期になると、大きな変化を迎えることになる。日本人向けの避暑地としての計画的な開発が始まったのである。

　当時、「避暑」という伝統を持たなかった日本人にとって、軽井沢は転地療養の場として知られていた。貿易会社野沢組の二代目店主野沢源次郎（1864-1955）が軽井沢と出会ったのも転地療養によるものであった。野沢は、健康を回復するとともに、その気候風土に魅せられ、日本人向けの別荘地開発を試みることになる。野沢は、貿易会社のなかに地所部を設け、大正4年（1915）頃から土地の購入を開始した。その土地は100万坪とも200万坪とも称され、外国人用の別荘が旧街道沿いを中心に建設されていたこともあって、外国人別荘の建てられていなかった離山一帯に位置するものであった。野沢は、別荘地として分譲するため、最初に2間幅から4間幅の道路を造り、また、生活用水用に井戸を掘った。道路には街路樹とベンチを配置し、分譲用の敷地は200坪から2万坪までの多様な大きさのものを用意したのである。また、道路割にあたっては、現在の六本辻近くを新たな「軽井沢の中央部」とするよう計画し、大正6年にはマーケットを設けるなど、日本人向けの避暑地としての軽井沢開発に尽力したのである。

　ただ、野沢組はあくまでも土地分譲事業を主眼としていたため、建築事業に関しては、明治42年にアメリカから帰国した橋口信助（1870-1928）が興した「あめりか屋」とタイアップし、事業を展開した。この「あめりか屋」は、当時、わが国の新しい住宅としてアメリカ住宅を導入しようとして注目され始めてい

図4
「あめりか屋」の軽井沢出張所

図5
旧徳川慶久邸外観と立面図（左図）

た住宅専門会社で、大正5年には軽井沢に出張所を設け、積極的に日本人の別荘建築の建設にも取り組むことになる［図4］。当時の「あめりか屋」の作風は、20世紀初頭にアメリカで流行していたヴィクトリアン様式の華麗さを残したバンガロー様式を基調としたもので、具体的には、建物周囲にベランダを配し、屋根には急勾配の反り屋根を用い、外壁は1階が下見板張り、2階はスタッコ荒壁仕上げとしてそのコントラストを意識するなど、それまでのわが国にはほとんど知られていなかった瀟洒な洋館であった。そのスタイルは、それまでのヴォーリズが手掛けていた別荘建築とは明らかに異なるものであった［図5・6］。

ちなみに、当時のヴォーリズの軽井沢建築の特徴は、大正11年に建設した自らの別荘建築に象徴されるように、外壁はささら子下見板張りで、屋根勾配も緩やかなもので、あたかもわが国の伝統的な建築形式を踏襲したものであった［図7］。こうした日本風の意匠を取り入れた別荘の傾向は、ショーの別荘以来のもので、日本人の古民家などを改修して利用していたことによる。おそらく、経済的にも贅沢を控え、また、自らの生活に異国文化を受け入れることが布教に役立つと考えられていたようにも思う。

いずれにせよ、大正期になると、外国人別荘が和風色、日本人別荘が洋風色をそれぞれの特徴として軽井沢の別荘建築は展開されたのである。

ただ、昭和初期になると、大正期の性急な洋風ブームは陰り、「あめりか屋」は軽井沢から撤退している。これに象徴されるように、軽井沢の別荘建築は、大正期のような洋風建築は少なくなり、むしろ、全体的におとなしい緩勾配屋根の下見板張りのものが主流となる。こうした中で、ヴォーリズの作風も変化を見せることになる。「あめりか屋」の影響もあって、それまでの和風のささら子下見板張りとともに壁面にハーフチンバーを応用したものや、旧朝吹別荘に代表されるように山荘風を意識した丸太板を外壁に用いるなど、地味ながらも洋風色を強く意識した端正なデザインの作品を手掛け、軽井沢の建築を牽引していたのである［図8・9］。

むすびにかえて——素人建築家としてのヴォーリズ建築の魅力

軽井沢の建築に大きな影響を与えたヴォーリズ。そのヴォーリズが建築の専門教育を受けたことのない素人建築家であったことは、極めて興味深いことである。そして、同時に、そこにヴォーリズの建築の魅力が隠されているように

図6
野沢マーケット（写真奥）とその周辺の街並み

図7
旧ヴォーリズ別荘

図8
旧朝吹別荘

図9
片岡別荘

思えてならない。

　ヴォーリズの建築は、暖かみがあって住み心地がよいと言われる一方、デザインは個性的とは言われない。それでも、われわれにとって、この素人建築家の作品が魅力的に感じられるのは、生活を重視した建築だからに他ならない。素人ゆえに、施主と同じ生活者の目線で住まいが考えられているのである。

　改めて、ヴォーリズの『吾家の設備』（大正13年）［図10］を見てみよう。タイトルに「設備」とあるが、その内容は最先端の設備の話ではない。「設備が十分にありましても、その調度品の置き方や使ひ方などによつて、ほんとうにいいか悪いかといふことがきまると思ひます」という巻頭文から始まり、寝台車の設備を例に具体的な話が始まる。

　「寝台車の洗面所へ行きます。なるほど設備十分です。大抵のところは水石鹸の設備があります。ところが取附け場所があまり低いから、その下に手を入れることができない。入つても非常に窮屈です」。設備が十分でも、その取り付け方や置きかたがまずいと、設備は役に立たないことを指摘しているのである。また、「寝台車の洗面器のことですが、初めのお客様、入つて、口洗ふ、そして滅茶苦茶に水使つて、そこらあたり汚くして知らん顔で出る。後の人入つて非常に気持悪い。外国の紳士といつたほどの人、かういふ公共的場所で洗面器使つたならば、自分の顔や手を拭いたタオル、或はその場所に属するタオルで、後にきれいに器具を拭きます。だから後の人の入るとき気持よろしい」。ここでは、器具があってもその使い方のルールを知らなければ、利便性を求めた設備であっても不快感だけを与えてしまうことを指摘している。ページを捲るとそうした生活者の目線による住まいづくりに関する記述が終始展開されているのである。

　この本を見ただけでも、ヴォーリズの考えていた住まいづくりの様子が分かるというものである。まさに、モノの溢れ始めた時代に、人間中心の住まいづくりを主張しているのだ。その主張は、決して新しいことではなく、人間としての共同社会を構築していくための基本的ルールとでもいえるもので、キリスト教の教えに根ざした素人建築家ゆえの理論であったともいえる。ヴォーリズ建築の魅力の源は、そこにある。

（うちだ・せいぞう　建築史家・埼玉大学教授）

図10
『吾家の設備』

ヴォーリズの恩恵
阿川佐和子

figure
図1
東洋英和女学院旧校舎
鳥井坂通の外観

　1993年（平成5）の初夏に私は初めてウィリアム・メレル・ヴォーリズという名を知った。その年の夏、私が中学高校の六年間を過ごした東洋英和女学院の校舎［図1］が築六十年をもって取り壊されることになり、それがヴォーリズの建築によるものだったからである。
　在学中はそんなことにまったく無知で、誰が建てたのかなど関心もなく、ただ淡々と毎日通い、その中で一日の半分を費やし、ときおり廊下を全速力で走って先生に叱られたり友だちと激突したり、大きな窓の外に蔦の生い茂る薄暗い階段の踊り場に座り込んで友だちと悩みを打ち明け合ったり笑い転げたり、放課後、アーチ型の柱に囲まれたキャフェテリア［図2］で牛乳を飲みながらグダグダしたりしていた、あの思い出深い校舎が、実は「へっ、外国人の建築だったの?!」と知って驚いた。そう言われてみればどことなくバタ臭い建物だった。ドアノブはガラス製だったし、廊下の要所要所にかわいい水飲み場もあった。小さなパティオを囲むコの字型の造りといい、キャフェテリアの雰囲気といい、入学当初はまるで小公女の物語に出てくる寄宿学校のようだと思ったものである。ミッションスクールだからそういうものだと思い込んでいたけれど、そうか、外国人が建てたのか……。
　と、壊される寸前に校舎の価値を再認識したところで間に合わない。我々を冷たい外気から守ってくれた校舎に対し、ろくに感謝の意を表する機会も愛でる暇もなくお別れしてしまうのは申し訳ないかぎりである。恩知らずの卒業生が協力し合い、完全に消え去ってしまう前に、せめて校舎の建築記録を一冊の本に留めておこうではないか。そんな話が持ち上がり、建築専門の学者やカメラマン、ヴォーリズ研究家の先生方の力をお借りして、まずは調査、撮影会を行うことになった。
　カメラマンの増田彰久さんが校舎の隅々まで走り回って黙々とシャッターを押し続け、京都大学構造建築専門の西澤英和氏は、メジャー片手に教室の床下や天井裏に首を突っ込み、「いやあ、これは貴重な建物ですわ。取り壊すのもったいない、もったいない」と額に汗をタラタラ流しつつ入念に調査してくださった。おかげで我々は、卒業して何十年も経ったのちに初めて、校舎の構造やしくみ、建てられるに至る経緯や秘話、そして校舎の魅力を少しずつ知ることになったのである。
　建築学的見地からの検証だけでなく、私たち卒業生や在校生も建築記録書に何かのかたちで参加できないかと考えた末、思いついたのは、生徒にとっての校舎の思い出を葉書一枚に綴ってもらうことだった。結果、昭和の初年にその校舎で最初に学んだ卒業生から、取り壊す寸前まで通っていた若い在学生に至るまで、校舎と関わりのあった多くの人々より、さまざまな思い出が寄せられた。

figure
図2
旧校舎のキャフェテリア

　「戦時中は讃美歌を歌うことも英語を学ぶことも禁止されました。しかし生徒たちはいたたまれず、こっそり地下の化学室で英語の自習をしたり、また、昼休みに日の差し込む渡り廊下（中庭を臨むガラス張りのスペース）に三々五々集まって、大声で讃美歌を合唱したりしたものです。先生方はそのことを承知しながら、黙認してくださったことがとてもうれしかったのを覚えております」
　「祈祷室に友だち数人とこもって占いごっこをして遊びました」
　「入学したばかりの頃は、なんて薄暗いジメジメした校舎だろうと思っていましたが、毎日そこで過ごすうちになんともいえぬ居心地の良さを感じるようになりました。生徒一人一人が独自の『好きな場所』を見つけられる個性的な建物だったと思います」
　また、記録書を作る過程において、直接お会いした先輩卒業生の婦人から伺っ

た話も貴重なものだった。
「私たちはあの校舎の第一期生なんですよ。それより以前に使っていた木造の校舎を取り壊されることになったときは悲しくてね、反対したんですけれどしかたないでしょ。で、新しい校舎に移って私たちが最初にやったこと、おわかりになる？」
　そう聞かれ、私は首を傾げた。さあ……。
「階段の手すりを滑り降りたの」
　私は思わず吹き出した。目の前にお立ちの、おそらく七十代半ばほどとお見受けするこの品のいいご婦人の口から、まさかそんな言葉が発せられるとは思いもよらなかった。
「まあ、先輩もそんなことを？」
「ええ、もちろん。だってあの階段の手すりはとても滑り心地がよかったんですもの。幅が広くてなだらかで、そのうえ、最後の降り口に手すり止めがついていないから、ストンと床に飛び降りられるの」
　セーラー服のスカートをひらめかせ、大股をあけてキャアキャアはしゃいでいらした姿が目に浮かぶようだ。
「でもね、あるとき、滑り降りていったら、階段の下にミセス・ブラックモア（当時、カナダ人やアメリカ人の躾の厳しい先生方が数多くいらした）が腕を組んで仁王立ちで待ちかまえていらしたの。きゃあ、どうしましょうと思ったら、先生が、なんておっしゃったと思う？」
　さあ、なんと言って叱られたのでしょう。
「『DO IT AGAIN！』って。そりゃもう、怖かったわよお」
　私はそのとき気がついた。東洋英和の生徒であったなら、誰しも一度は階段を滑り降りた経験があるはずだろうけれど、その歴史が校舎設立当初から始まっていたとは驚いた。ヴォーリズが作った手すりはいったいどれほどの数の生徒のお尻を滑らせてきたことであろう。あの手すりの黒光りは、移りゆく代々の生徒たちのお尻によって輝き続けてきたのである。
「学校の伝統は、校舎のなかで生まれ、学校の校風は、校舎のなかで育まれ

図3
旧校舎階段の手すり

ていくのです」

　校舎解体の折、そのことに心の底で反対していらした私たちの恩師のお一人がおっしゃった言葉を私は今でも忘れることができない。たとえその中で過ごす生徒や教師が時代とともにどれほど変わっても、互いに見知らぬ関係であったとしても、なぜか同じような雰囲気と気質と価値観を共有できる。なぜだろう。英和の卒業生と知ったとたん、すぐに「ああ、わかるわかる」と頷き合えるのはどうしてだろう。卒業以来、長年の疑問だった。それはもちろん教育方針のおかげもあるだろうけれど、同じ校舎のなかである一時代を過ごしたという共通認識が、にわかに互いを理解し合える力となっているのではなかろうか。校舎という建物が、知らず知らずに私たちに与えてくれた宝物なのではないだろうか。大先輩の階段手すり話を伺って、私はそのことに気づかされた。

　ヴォーリズの作った階段が独特のヴォーリズ味を出していることを確かに認識したのは、母校の校舎記録書を作成したしばらくのちのことである。記録書作成のおかげでヴォーリズの日本の故郷である近江八幡市を訪れて、ヴォーリズ夫人の満喜子さんが学園長を勤めた「近江兄弟社学園」を見学させていただく機会を得た。すると、その学校に一歩、足を踏み入れたとたんに、同じ匂い、同じ空気を感じたのである。

　「英和と、同じだ……」

　建築様式が同じであったわけではない。規模も意匠も異なる。が、ほんのちょっとしたところが、なんだか同じなのである。たとえば階段である。ヴォーリズの作る階段は、最初の一段目が通常段の半分の高さになっている。しかも角が丸く削られている。それはヴォーリズの、階段をのぼる人への気遣いだという。階段をのぼる人は、手すりにつかまり、上階を見上げ、やれやれこれから、これだけの段数をのぼるのかと、かすかに重い気持になるだろう。その憂鬱な気分を少しでも和らげるために、一段目を優しく、角で足をぶつけて痛い目に遭わないようデザインしたらしい。そして手すりは日本人の身長に合わせて低めに、頼りがいのあるよう幅広くなめらかに。まさかその工夫が女子生徒のお尻を滑らせるに好都合だったということには、さすがのヴォーリズも気づいていなかったであろうが。

　全国各地に残されたヴォーリズのどの建築物を見ても触れてもなかに入っても、いつも同じ思いが心をよぎる。ヴォーリズさんという方は、建物を造ることが楽しくてしかたがなかったのだろう。そして、建物自体のデザインや、自分自身の主張より、その建物に住まう人、その建物を通過していく人々の、「ここは気持いいなあ」とつい笑いたくなるような作品を作りたくて、うずうずしていたのであろう。会ったことのないウィリアム・メレル・ヴォーリズと母校を通じて出会うことができて、私はまことに幸せだったと感じている。

（あがわ・さわこ　エッセイスト・小説家）

図4
マーガレット・クレイグ記念講堂での礼拝のとき

ヴォーリズと関西学院――重なり合うそれぞれのあゆみ
田淵　結

　関西学院に属する者としては「日本一美しいキャンパス」と自負を込めて語りたくなる関西学院西宮上ケ原キャンパスは、ウィリアム・メレル・ヴォーリズの全体構想・設計によって1929年（昭和4）に完成した。

　ところでこのキャンパスは、1889年（明治22）に神戸市郊外原田に創立された関西学院が、40年の歴史を刻んだ発祥の地を後にし、大学昇格を果たすべく全面移転するために造られたものであったが、なぜそのすべての構想・設計事業がヴォーリズに委ねられたのかという、もっとも基本的で素朴な問いについて、筆者なりの「思い」から答えることは容易であるように思われる。その問いを前にしながら、1905年（明治38）に来日し近江八幡に拠点を構えて以後、1964年（昭和39）に天に召されるまでのヴォーリズの足跡と、関西学院のあゆみとを重ね合わせてみるとき、その二つの時間が深く結びつき、双方にとっての大きな成長へとつながったものであることが読み取れよう。

図1
上ケ原校地建設委員会メンバー（一部）
左から4人目がヴォーリズ、その右がベーツ

原田校地時代

　ヴォーリズがはじめて関西学院を訪れたのは来日直後の1905年、YMCA関係の会合のためであったとされる(1)。そのときの詳細な記録などは残されていないが、その訪問から彼は関西学院との関係を強く持ち始めたことが考えられる。その理由のひとつには、当時の来日宣教師たちとのつながりないしコミュニティ・ネットワークが機能していたことがあるだろう。その一つのチャンネルとなるのがYMCA活動であり、ヴォーリズもそのチャンネルを通じて来日し、関西学院との最初の出会いもそれによって整えられた。と同時に、宣教師としての意識、ミッショナリイシップにおいて、来日以後ヴォーリズの人間関係には在日宣教師との交わりは大きな意味をもつものであるが、なかでもカナダ・メソジスト教会からの派遣宣教師のひとり、ベーツとの出会いは大きかったのであろう［図1］。

　ベーツとヴォーリズが宣教師としての働きを決意するにあたって大きな意味をもったのは、1902年カナダ・トロントで行われた海外学生伝道奉仕団（Student Volunteers Movement for Foreign Mission）の第4回大会への出席であった。この時点で二人が知己を得たという記録はないが、ヴォーリズが来日後比較的早い時点でベーツと出会い、自らのミッションへの思いを語り合う中でこの大会のことを通じて連帯感ないし友情が育まれていったことは大いに考えられる(2)。

　やがて関西学院経営にカナダ・メソジスト教会が参加することとなり、1910年、ベーツがまず関西学院神学部教授として着任し、その後1912年に高等学部長となった。こうしてベーツが学院経営にも指導力を発揮するなかで、具体的なキャンパス整備計画のよきアドヴァイザーとしてヴォーリズが求められたことは自然な成り行きであったと思われる(3)。

　ベーツ着任前後の関西学院は、創立当初の私塾的な性格を脱し、社会的に認知されるべき学園としての歩みを本格化しようとする、最初の発展期を迎えようとしていた。その動きのなかで、1908年、学院は専門学校令により神学部の認可を文部省から獲得したが、それを受けて本格的な校舎の整備が行われた［図2］。その最初のものが「神学館」（1912年落成）［図3］であり、設計はヴォーリズに委ねられた。ただしヴォーリズ自身はまだ来日6年目、「建築家としての志は高くとも、建築設計の経験は少なく」(4)といわれるように、1910年に設立されたヴォーリズ合名会社開設直後はじめての本格的学校建築であり、その様式は彼が初期に用いた煉瓦建築によるものであった(5)。彼がそこで煉瓦建築様式を採用したのは、すでに学院原田校地にはイギリス人建築家ウィグノールに

図2
原田校地
ヴォーリズは1912年に竣工した神学館から設計を担当する

図3
原田校地の神学館

より煉瓦建築のブランチ・メモリアル・チャペル［図4］が建てられており（1904年落成）、神学館の位置関係からみても、そのチャペルとの一体性、統一性を考慮したものと思われる(6)。

関西学院は高等学部を持つ教育機関として充実、拡大を続けることになり、校舎としては普通学部校舎（1913年、最初木造であったが消失し1919年に煉瓦建築で再建）、中央講堂（1922年）、文学部（1922年）、高等商業学部（1923年）と学校の発展にあわせて一連の校舎が煉瓦建築により竣工し、その間に整備された宣教師館、学生寮などを含めヴォーリズがそのすべての設計を行っている(7)。

上ケ原キャンパス時代

やがて学院は先述のように大学昇格を計画し、その具体的な準備を進める第二の発展期にさしかかろうとする。しかし大学開設にあたって必要な条件を満たすことは当時の原田校地では非常に困難であった。そこで、阪急の小林一三氏の協力を得、神戸原田校地を売却し西宮上ケ原に全面移転することによって大学昇格の夢を実現させることができた。その際、学院の新たな時代を切り開くキャンパスもまた、ヴォーリズの構想が採用された。

神戸原田がすべて煉瓦建築様式による校舎であったのに対し、上ケ原校地に全面移転し、学校としての新たな時代を迎えようとする学園キャンパスの基本様式として採用されたのが、スパニッシュ・ミッション・スタイルと呼ばれるものであった。この様式は「新世紀に入って始めて出現した一建築様式……ことに清新な自由の世界カリホルニアで新建築の天地に開いた」（新名種夫）(8)と紹介されるように、当時の関西学院のあり方にもっとも適切なデザインであった。ヴォーリズがそれを採用し始めたのは1922年のランバス女学院の建物であったが、関西学院上ケ原キャンパス［図5］、さらに神戸女学院キャンパスにおいてもっとも大規模で充実した作品として提示された。

ただし上ケ原キャンパスは基本デザインをスパニッシュ・ミッションとしつつも、聖書的イメージを髣髴とさせる甲山を背景とし、キャンパス中央に大きな広場を擁する空間設定、個々の校舎の位置関係と配置とデザイン、学びと生活空間との設定など、限られた字数では語り尽くせない構造と魅力をもっている(9)。

関西学院上ケ原キャンパスは、大学昇格を経てさらに学園としての成長を続け、戦後新制大学、中学、高等学校としてその規模を拡充するにつれてさまざまな校舎の増築が進められたが、1950年代末まではすべてヴォーリズが設計の責任を負っていた。そのほとんどは低層の木造建築であったが、キャンパスの樹木の成長なども相まって「ミッションの伝統精神に通じる清楚なイメージと、南国的な明るい陽光と緑に映える建築様式」(10)はいっそう成熟し、それによって関西学院のスクールカラーが決定づけられることとなった。

ランバス記念礼拝堂

1957年ごろからヴォーリズは体調を崩して療養生活に入ることとなり、設計監督などに直接に従事することはかなわなくなった。関西学院は1959年に創立70周年を迎えるにあたって、大学に社会学部と理学部という二つの学部を設置することになり、その設計もヴォーリズ建築事務所に委ねられた。しかし、当時の同社の方針などからこの二つの学部棟はスパニッシュ・ミッションを脱して直線的な近代的デザインとなり、その意味ではもはやヴォーリズ自身の独自

図4
ウィグノール設計のブランチ・メモリアル・チャペル

図5
上ケ原キャンパス

性を強く感じさせるものとはならなかった。

　そのなかでもう一つの建物、学院正門を入ってすぐ右手の宗教センター横に、創立者ランバスの名を冠した「ランバス記念礼拝堂」[図6]がやはり創立70周年を記念して建設された。これは従来のスパニッシュ・ミッションの伝統にならうものであり、また正門真横というロケーションから関西学院に集う学生・生徒・教職員が毎日かならず目にするチャペルとして、キリスト教主義総合学園のシンボル的な意味を担うものとなっている。このチャペルの設計に対して、ヴォーリズ自身が具体的にどこまで関わりを持ちえたのかは明らかではないが、彼の生涯の最後の段階で、この建物が上ケ原キャンパスに残されたことの意味は非常に大きい。

図6
ランバス記念礼拝堂
関西学院創立70周年を記念して建設された

むすびに代えて

　来日以後のヴォーリズの足跡と、関西学院の歩みをたどってみると、その二つが共鳴しあうものとして私たちの前に描き出される。彼が学校・教会建築家として歩み始めた最初の作品である関西学院神学館、新しい世紀を迎えて成熟した設計者としての成果を示すものとなった関西学院西宮上ケ原キャンパス、最晩年に彼の生涯の働きをしめくくるものとなったランバス記念礼拝堂。それらはヴォーリズの生涯の節目を刻む作品であったと同時に、関西学院史におけるそれぞれの新しい時代を拓く意味をもった建物であった。ヴォーリズのあゆみ、それは関西学院のあゆみとしても語られるべきものであろう。

（たぶち・むすび　関西学院大学文学部教授）

注
(1) 関西学院『関西学院百年史　通史編I』1997年、304頁。
(2) 芹野与幸「「関西学院とヴォーリズ」～もうひとつの物語～」、関西学院大学図書館報『時計台』76号、2006年4月、8–16頁。
(3) 残念ながらヴォーリズやベーツについて、この時期の日記などの記録が発見されていないが、学院史編纂室に寄せられた史料のなかに、第二次大戦後のヴォーリズからベーツに宛てられた自筆書簡（1947年3月24日付）の写し（非公開）が残されており、そこには長年培われた両者の関係を思わせる内容が込められている。
(4) 山形政昭「関西学院キャンパスの建築＜上＞」『関西学院史紀要』創刊号、1991年、46頁。
(5) ヴォーリズの学校建築における様式の変化については山形、前掲論文、43–45頁。
(6) 山形、前掲論文、46–47頁。
(7) 関西学院旧原田校地は現在の神戸市立王子公園となり、学院関係の建物はブランチ・メモリアル・チャペルを除きすべて取り壊されている。それらの画像による記録としては、田淵結編著・監修『ヴォーリズの「祈りのかたち」展』ガイドブック、2004年、13–21頁がある。
(8) 引用は山形政昭『ヴォーリズの西洋館』淡交社、2002年、274頁による。
(9) 田淵、前掲書、23–26頁。
(10) 山形、前掲書、275頁。

窓からの眺め
——神戸女学院岡田山キャンパスに見るヴォーリズの美学

濱下昌宏

「美が学院となった」

「もしもこの建築が真に成功したとすれば、その最も重要なる機能の一つは、永年の間に人々の心の内部に洗練された趣味と共に美の観念を啓発することでなければならない。」(ダブリュ・エム・ヴォリス)(1)

神戸女学院の構内［図1］をそぞろ歩きながら驚きとともに発見することが多々ある。たとえば、図書館本館閲覧室の机上のブリキ製電気スタンドや天井のアラベスク・デザイン、文学館・理学館の教室のドアの取っ手、噴水のある和風中庭［図2］の水路（降雨時に雨水を流している）、屋根のスペイン瓦、運動場に面した藤棚下のレンガ畳の十字模様などなど。それらはすぐに気づくというものではない。ふと見上げたときに、あるいは何気なく眼を差し向けたときに発見するのである。建物全体から見て〈細部〉とは限らないが、つつましやかで、こまやかで、そこで学び生活し働く者への〈細かな〉配慮が行き届いたデザインであり、それが居心地のよさをもたらしている。

この美しさをどのような言葉で形容できるのだろう。神戸女学院も少なからず優れた卒業生や教員をもつが、残念ながら、管見の限りでは正鵠を得た言葉は見出せない。それでも、たとえば教員の一人であった神谷美恵子が次のように書いている。「女学院に通う道に二た通りありますが私はいつも一寸淋しい森の中をひとりで通りぬけるほうをえらび、深い木立の中をゆっくりゆっくり歩いて行きます。それが朝毎の私の礼拝のような気がします」(2)。神谷美恵子はおそらく正門に入る道ではなく谷門を通っていたのだろう。藤森照信の軽妙な物言い、「神戸女学院はいい。学生とキャンパスの美しさの和は日本で一番じゃないか——と、図書館に座ってる時に思った」(3)、という今様な表現も悪くはないが、けっきょくのところ、建学の地の神戸山本通よりこの岡田山へとキャンパス移転を進めた第5代学院長のデフォレストのつぎの言葉を超える記述はまだない。"Beauty becomes a college."（美が学院となった）(4)。

ヴォーリズは「豪奢すぎるものは醜悪とおなじくらいに好ましくない。真の意味での均斉かつ芸術性のみが良い影響をあたえる」(5)と語る。たしかに、岡田山キャンパスは美しいのであるが、自己顕示的華美さではない。ヴォーリズの人柄もまた、作品同様、野心・自己顕示・虚飾といった卑しさから免れていたようであり、作品同様にある種の品格を感じさせる。近江八幡の旧居の書斎は"tiny"（こじんまり）という言葉がぴったりする、瞑想のための小間のようである。"偉大なる凡人"という言葉が思いつく。

均斉と芸術性

建築家としてのヴォーリズの評価は、この神戸女学院の設計によってどれほど高まったのであろうか。韓国ソウルの梨花女子大学校［図3］が神戸女学院のキャンパスより数年後に完成したとき、「美しい梨花を建築したヴォーリズ博士」と讃えられたという(6)。岡田山キャンパス完成時において、当時の新聞では、東京発行の *The Japan Advertiser* 1934年2月11日号では特別版としてキャンパスの完成と神戸女学院の教育・人脈等について10ページにわたって特集を組んでいるが、そこにヴォーリズの言葉も載せられている。それに先立つ『大阪朝日新聞』昭和9年2月2日の紙面でも大きく岡田山キャンパス完成が報じられ、「東洋一の女子教育の殿堂」と絶賛され、英語原文のヴォーリズの言葉が掲載されている。

図1
竣工当時のままの神戸女学院
上は中庭と講堂、下は音楽館

図2
噴水のある中庭

図3
梨花女子大学校本館

ヴォーリズはこの設計によって自らの名声を高めようなどと思っていなかったようにみえる。なぜなら、掲載されているその手記で彼が書いていることは、自分の設計によって学生たちがより良く育つことを期しており、ここで数年を過ごすことになる学生たちにキャンパスが良い影響を与えること、そうした影響力を発揮するには豪奢さは有害であり真の意味での均斉と芸術性が必要であること、在学中に均斉と良き趣味判断を育んで、それがいずれは家庭生活で発揮され日本中に種がまかれること、キャンパスのデザイン全体と細部とが美的で霊的な学院生活を保証することで成功とされるだろう、といった内容なのである。

神の一個の道具として

　あらためてヴォーリズという〈生き方〉とこの神戸女学院という〈作品〉との関係について考えてみたい。

　ヴォーリズの業績については、「東洋宣教史の権威エール大学のラタレット教授によって"The most fruitful and self-supporting and indigenous Christian missionary enterprise"（最も成果をあげ自主独立のすぐれたキリスト教伝道事業）と称えられた『近江兄弟社』をつくったヴォーリズ」(7)と記され、また、『失敗者の自叙伝』［図4］に寄せた序文で、妻の一柳満喜子は、ヴォーリズの母校コロラド・カレッジの学長が近江八幡を訪れたときに近江兄弟社の事業を見て、「こんなに大きな仕事であったとは思わなかった」(8)と賛嘆したことを伝えている。

　たしかに、近江八幡で継続されている事業からもヴォーリズの偉大さは認められるとしても、その彼を〈偉人〉と呼ぶには、その自伝『失敗者の自叙伝』を読んでも、思い至らない。ごく平凡で善良で信仰心の篤いアメリカ市民のイメージである。その人物が25歳という若さで、永住を覚悟で近江八幡に定住し、日米が敵同士で戦った戦時中に日本に帰化するという激動の生涯を送ることになるのである。それに耐え、大成した素質を彼の内に見出せるのであろうか。

　自伝からも明らかなことは、彼はまず病弱の人であり、そして、異色かつ異才の人である。建築家としての来日ではないのに、結果的には建築家として成功して名声を残すことになり、また、大事業家的野心の人ではないのに、事業家として成功し、近江八幡の近代的都市づくりに貢献する。建築でも事業でもアマチュアのはずながら、巧みに成功へ導き、異国日本の、異教である浄土真宗がさかんな近江八幡に英語教師兼キリスト教伝道者として留まり、自らは図面の引けない建築家兼事業家となった人。彼は敬虔に神の僕、道具たらんとする。

　「私が一個の人間となる代わりに、一個の道具となろうとして、真剣な努力をした」(9)。「私は、かたく信ずる。すべての『成功』とは、意識するとしないとにかかわらず、完全に神の意志の道具になりきった者の、到達する境涯」(10)。「私がしたのではない。それは、神がなし給うたのだ。神は、ただ喜んで、その道具になろうとする人間を必要とされるのである」(11)。

精神の瞑想

　ヴォーリズの使命感、孤独感、若い学生たちへの温かい眼を思うと、〈窓という枠〉を介して外を見つめる彼の姿が浮かび上がってくる。美術史上の絵画作品にも、「窓」の前にたたずむ人物が描かれている作品が多々あるが［図5］、岡田山キャンパスにおけるヴォーリズの「窓からの眺め」［図6］を想像できる

図4
『失敗者の自叙伝』

だろう。

　保護されている内部から、〈枠〉を通して見る外部。外・光・景色を間接化し対象化する〈額縁〉〈御簾〉としての窓。自然にあふれ、中庭の近景、六甲山系の遠景を享受する美しいキャンパスを、窓を介して眺めるときに、学舎にいる自分を自覚する。建物が直射日光や外気から身を保護するシェルターであるばかりでなく、外の光景や状況を間接化・対象化する窓のおかげで、そこにたたずむとき、孤独感・寂寥感をひきずりつつも自分の心のありかを失わないでいられるだろう。身体と健康を守るためだけでなく精神の瞑想を忘れさせない工夫こそが、建物のここかしこにめぐらされている〈窓〉なのである。

　ヴォーリズは次のような詩を残している。

SPRING IN THE FOREST
Farewell brave shafts and branches, strong,
That I have known all winter long!
Somewhat my inmost spirit grieves
To greet spring's miracle of leaves;
For I shall miss the sky so big
Through tracery of trunk and twig,
And through the web of boughs and bars
The nightly beauty of the stars. ....

「森の春」
冬の間ずっと見なれて来た力強い幹や枝よ、さらば
やがて春が来てあのみどりの葉が見られるというのに
私の心の奥には何か悲しみがある
それは春が来ると、幹や枝がつくる窓飾りを通して
あの大空が眺められなくなるからだ
大枝や横枝のつくり出すくもの巣模様を通して
あの夜空の美しい星が見られなくなるからだ……
　　　　　　　　　　　　　　奥村直彦訳(12)

（はました・まさひろ　神戸女学院大学文学部教授）

図5　カスパール・ダヴィド・フリードリヒ「窓辺の女」1818年頃（ベルリン国立美術館）

図6　文学館の窓から

注
(1)「神戸女学院新校舎建築の要素—設計者の言葉—」『めぐみ』22号（1933年7月）、5頁。
(2)『神谷美恵子・浦口真左　往復書簡集』みすず書房、1999年（初出『神谷美恵子著作集』補巻2、1985年）、119頁。
(3)『建築探偵　神出鬼没』朝日文庫、1997年、160頁。
(4)『めぐみ』22号（1933年7月）、5頁。
(5)『大阪朝日新聞』1934年2月2日。
(6) The Korean Mission Field, June 1937, p.131.　鄭昶源「W.M.ヴォーリズの韓国における建築活動に関する研究」『日本建築学会計画系論文集』589号、2005年3月、210頁より重引。
(7) 奈良常五郎『日本YMCA史』日本YMCA同盟、1959年、204頁。
(8) 一柳米来留『失敗者の自叙伝』近江兄弟社・湖声社、1999年（初版1970年）、1頁。
(9) 同上、118頁。
(10) 同上、119頁。
(11) 同上、141頁。
(12) 奥村直彦『ヴォーリズ評伝:日本で隣人愛を実践したアメリカ人』港の人、2005年、244–6頁。

豊郷小学校の建築意義
川島智生

　建て替え問題を契機に平成12年（2000）ごろから始まった豊郷小学校の保存運動は、建築家ヴォーリズという存在を広く日本中に認知させた。その運動は戦前期の校舎建築の価値の再発見にとどまらず、小学校こそが地域住民の母校であるという概念を改めて思い知らせた。

　豊郷尋常高等小学校は昭和12年（1937）に完成し、平成15年（2003）に新校舎が完成するまで使用された。建設費用は40万円で、その費用の全額を古川鉄治郎という、この村出身で、大阪で成功した近江商人が寄付した。この金額は当時の村予算の十倍以上にあたる。戦前期の農村部では希有な鉄筋コンクリート造で建設されていたことは驚きだが、鉄筋校舎が普及する昭和45年（1970）頃までは、「日本一」立派な小学校として豊郷村第一の誇りだった。

　どこにこの小学校の特質を求めることができるだろうか。豊郷小学校は旧中山道沿いに位置するが、街道からの景観にそのことはあらわれている。本館校舎棟の両翼部と道との間に、講堂と図書館が前庭を取り囲むように左右対称に配置される。つまりオープンにしつつもなかば閉じられた半中庭的空間がつくられていた。その理由は、村の公会堂と図書館という社会文化施設が、小学校の講堂と図書館という形式でもって設置されていることによる。また青年学校が別棟で校地内に設置されるなど、村人が恒常的に使う施設が小学校敷地内に建設されており、ある意味では地域のコミュニティセンターの役割を担っていた。そのような地域との関係が建物の配置の上で可視化されていたのだ。小学校校地の中に図書館を設置する事例は、昭和3年（1928）のヴォーリズ設計の水口図書館があって、水口小学校前に現存する。

　さらに指摘されることは、校舎玄関部の前面のロータリーに通ずる進入路の両側に広がる田圃の存在である。小学校に附属する演習農場としてつくられたもので、農村という文脈が洋風の前庭空間に取り込まれ、景観的にある種の調和に成功していた。

　このように、公立小学校でありながらも、大学のキャンパスのようなたたずまいをみせる点に、外観上の特徴がある。おそらくはわが国戦前期までの非市街地にある小学校が持ち得たもっとも理想的な形態だったと考えられる。

　配置計画はヴォーリズによるものに、造園家の戸野琢磨が参画していた。戸野は豊島園などを手がけた米国帰りのランドスケープアーキテクトであって、このコラボレーションがより魅力的な景観演出につながったものと考えられる。校舎の南側には広大なグランドがあって、体育館やプールが配置される。校舎は当時一般的だった正面玄関部をシンボリックに塔状に取り扱い、北側を片廊下とした教室配置の校舎が両横に並び、両翼部は突出して特別教室が配されるE字型平面をとる。

　建築スタイルとしてはモダンデザインの影響を受けたものだが、細部にはアールデコ風意匠が見られる。内部は一転して小学校らしい優しさに充ちた空間となる。それは階段親柱や手摺上に置かれた兎と亀の真鍮製鋳造の研ぎ出し彫刻に象徴される。また教室の大きさや廊下幅などの数値は公立小学校のものにくらべると余裕をもってつくられており、ゆったりとした空間の出現に繋がった。ヴォーリズの学校建築を代表するひとつと捉えることが可能だ。残念なことに現在は空き家状態であって、今後の利活用に期待したい。

（かわしま・ともお　神戸女学院大学講師）

図1
豊郷小学校外観

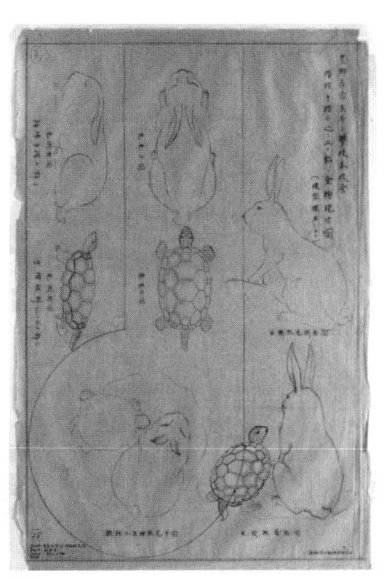

図2
階段手摺の兎と亀の金物の原図

朝吹別荘とその移築保存

松岡温彦

ヴォーリズが夏の軽井沢に滞在していた期間は、来日した1905年（明治38年）から50年、半世紀を超える。その間に軽井沢に設計事務所を開いて、数多く別荘を建てたが、その設計の特徴は避暑生活を熟知していること、別荘所有者のライフスタイルを十分研究し理解していること、軽井沢の気候風土をよく飲み込んでいることの3点であろう。

軽井沢での避暑と朝吹別荘

戦前の夏の軽井沢は日本における欧米租界になっていた［図1］。航空機で自由に行き来できる現在と違って、夏休みに本国に帰ることが難しかった香港、上海、東京、神戸の英米人を中心とする外国人が夏の暑さをさけて軽井沢にやってきた。すべての宗派のキリスト教会が建てられた。彼らは「軽井沢避暑団」（現在の財団法人軽井沢会の前身）を作って、コミュニティを形成し、避暑生活が快適になるよう病院や集会所、スポーツグランドなどをつくった。ヴォーリズはこれらの教会、病院、集会所のすべての建築に関わっていった。避暑の期間は1カ月以上、その間はすべての生活が軽井沢のコミュニティの中で行われた。日曜日の教会での集まり、コミュニティ主催の文化やスポーツのイベントを除いて、普通の日はハイ・ティーなどの語らいの時間と読書や散歩で静かな夏の日が過ぎていった。

ヴォーリズは教会などの公共の建物ばかりでなく軽井沢の避暑生活のために幾多の個人別荘を設計した。通称、「睡鳩荘」と呼ばれた朝吹別荘［図2］は1931年（昭和6）に三井系の実業家であった朝吹常吉によって建てられた。すでに1925年（大正14）に東京の高輪の本宅がヴォーリズの設計によっているので、朝吹常吉はヴォーリズ設計の住み心地の良さに大変満足して、別荘もヴォーリズに依頼することにしたのである。この「睡鳩荘」は2007年7月に解体されるまで軽井沢本通の奥、矢ヶ崎川のほとりにあって、76年の長きにわたり、軽井沢に避暑に来る人たちのシンボルになっていたのである。

図1
大正期の軽井沢市街（当時の絵はがきより）

図2
朝吹別荘　1931年

朝吹家のライフスタイル

　その頃、毎年、夏がやってくると皆わくわくしながら、軽井沢へ行く準備をする。衣類をはじめ、夏だけに会える友達に見せようとする食器から本にいたるまで、かなりのものをまとめて送り出す。軽井沢駅で待っている運送のおじさんが、大きな荷物を別荘に持ち上げる。涼しく新鮮な空気、林の向こうから聞こえてくる小鳥の鳴き声、別荘に到着した日の喜びは格別である。

　朝吹家の軽井沢生活に欠かせないものがテニスであった。朝吹常吉は日本庭球協会を設立し会長に就任、磯子夫人は日本の女子テニス界で大活躍し、伝説上の人物になっている。別荘にテニスコートがあって、往年のテニス界の名選手などもやってきてプレーしていた。また磯子夫人は和歌をよくしたので、その付き合いもあった。軽井沢に別荘のある日本の政財界の人たちも、主人は週末だけだが、夫人や子供たちは残っていて、様々な交際があった。この間の事情については、朝吹登水子著『私の軽井沢物語』（文化出版局、1985年）に詳しい。

　睡鳩荘には、家族やテニス仲間を筆頭に様々な友達が集まるため、1階の居間は暖炉をバックに広いサロンになっていた。続いてベランダがあり、その先がテニスコートになっていて、外から入ってきた人々が直接家人と会えるきわめて親しみやすい開放的なつくりになっていた。テニスコートの横やベランダから談笑する声が聞こえていたものである。

　軽井沢のそよ風は何より心地よかった。当時の軽井沢の気候は真夏でも朝夕はセーターを手放せなかった。また、碓氷峠から上ってくる霧が名物で、湿気もかなり多かった。ヴォーリズは睡鳩荘を設計するまでにこの軽井沢の気候を何度も経験しており、窓を大きく設計して、1階のサロンも2階の4つのベッドルームも光と風が十分とれるようにした。

移築保存

　睡鳩荘を引き継いだ常吉の長女、朝吹登水子はフランス文学の仕事の関係もあり、パリに居を構え、夏は軽井沢に来るという生活だった。多感な子供時代の思い出が詰まった睡鳩荘と軽井沢に対する愛着は人一倍強かったのである。

　彼女は軽井沢の文学者の拠り所になっている「軽井沢高原文庫」の集まりで永く親交のあった文学関係者と毎夏楽しい時を過ごした。また、「軽井沢ナショナルトラスト」という組織を立ち上げて貴重な軽井沢の別荘建築の保存に力を尽くしてきた高原文庫の藤巻進理事長に賛同し、常々、ヴォーリズ建築の傑作である睡鳩荘を大切に保存したいという希望を伝えていた。彼女が2005年（平成17）に亡くなると、藤巻氏はその遺志を重く受け止めて、この度、同氏一族の経営する「軽井沢タリアセン」塩沢湖畔に移築、永久保存することになった。

（まつおか・あつひこ　軽井沢ナショナルトラスト副会長）

図3
避暑地軽井沢開発50年祭パレード
宣教師らが乗る人力車の横をヴォーリズが歩いている（1936年）

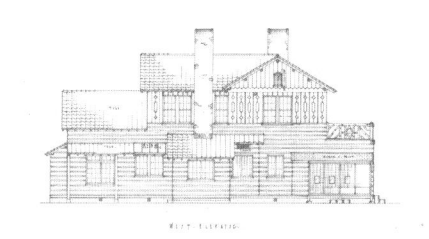

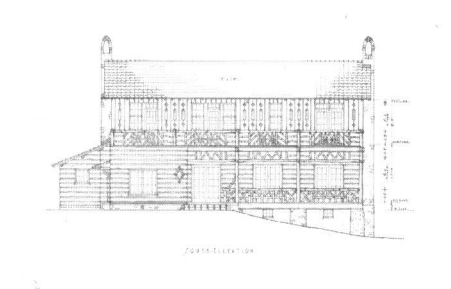

図4
朝吹別荘の立面図

旧八幡郵便局舎の再生

石井和浩

蘇る内部空間

　近江八幡市仲屋町中、あきんど道商店街の通りに面して、正面玄関回りが改造され原形を失い朽ち果てたヴォーリズ建築があった。その建物は、明治42年（1909）に特定郵便局として活動をはじめ、大正10年（1921）にヴォーリズによって正面部分を改築設計されて建て替えられたものである［図1］。

　その建物の建築的特色としては、クリーム色の色セメントスタッコ叩き付け壁の木造2階建てで、いぶし銀の日本瓦葺き寄棟屋根を有している。軒裏には、古民家特有の持ち送りが洋風な意匠として用いられている。それはヴォーリズの初期作品の意匠の特色を伝えるものである。全体的には、スパニッシュと和風の町家造りを折衷したもので、シンボリック性の高いファサードだが、町並みに違和感なく溶け込んでいる。古きを重んじながら進取の気象もあわせ持つ近江八幡を体現した建物であるとも言える。

　昭和36年（1961）、郵便局が宇津呂町に移転され、旧郵便局は別の用途に一時期使われ、その後、長年放置されていた。

　平成8年（1996）の初夏の頃から地元の商店主らのあいだで旧郵便局の先行きを危惧する声が上がり、平成9年10月より有志のボランティアが集い、所有者の方に旧郵便局を保存再生したいという思いを伝え、快く承諾を得た。

　当時、建物内部は異臭が鼻をつき、空気は淀み、屋根の一部は崩落し、青空が見えていた［図2］。人間にたとえると死が近い末期状態のような無惨な状況であった。このまま放っておけないという素直な気持ちが有志メンバーを動かし、毎週土曜日に集まって内部清掃を3カ月続け、4トントラック38台分の残材処分を行った。作業を行うにつれ、少しずつ建物内部が明るくなり、悪臭がなくなっていった［図3］。徐々に風の流れが肌で感じられ、ガラストップライトとハイサイド窓を通して部屋の奥まで太陽光が差し込むようになり、少しずつ内部空間が明るく蘇っていく様子を五感で感じ取ることができた。

和洋の特性を活かす

　内部清掃を行い、徐々に感じ取れた通風と採光の心地よさはメンソールのようなさわやかさである。通風と採光に配慮した、人に優しい建築、つまり健康な建築とは、まさしく人間にとって普遍的に求められるものであり、人間と建築と自然が一体となった建物である。それは、アメリカから来日したヴォーリズ自身が日本で生きていくための暮らしの知恵から実践した結果としてのデザインであった。

　ヴォーリズは、建築家として「建築物の品格は人間の人格の如く、その外観よりもむしろ内容にある」という考え方を掲げ、建築物の内容、つまり機能性や使い勝手のよさ、快適性などを重んじていた。

　局舎の内部も、廊下から部屋に入るのではなく、部屋から部屋へとつながっていて無駄なスペースがなく、使い勝手がよく合理的に作られている。そして何よりも、その部屋と部屋とのつながりは、人と人とをつなぐ意識であり、コミュニケーションを図るための仕掛けと考えられる。郵便局という機能からしても、地域住民にとって人と人とのつながりを持つ情報交換基地であった。

　ヴォーリズ自身、来日後は日本の歴史・文化を吸収し、日本人の血を輸血してでも自ら日本人に生まれ変わりたいと思ったほど、日本の風土に馴染もうと自ら努力をしていた。

　そして、西洋から建築文化をそのまま持ち込むことをせず、日本に馴染むよ

図1
ヴォーリズによって建て替えられたころの八幡郵便局舎

図2
修理前の旧八幡郵便局舎

うに改善していた。たとえば、日本の集落における、地縁的なコミュニティや民家の「四つ住まい」の良さを踏まえ、つながりある部屋として平面計画を行っている。

　旧郵便局について言えば、内壁は木摺り下地土壁漆喰塗りで、木造軸組在来工法である一方、アメリカンコロニアルスタイルの上げ下げ窓と床組みはツーバイフォーにするなど、和と洋が混在している。そして、ヴォーリズ自身が直接関わり、ヴォーリズの感性がデザインに表れている。和と洋の特性を活かしているところがヴォーリズ建築の大きな特色である。

　ヴォーリズは、西洋の文化を加えることで日本の文化がより発展することを望んでいたのである。

ヴォーリズ建築の再生

　このような建築的魅力を残しながら、どのようにリノベーションすればよいか、メンバーと市民との協働で改修内容を検討した。そして、長期的な改修になるけれども、身の丈にあった工事内容と費用負担を考えながら自分たちがハンドメイドでチャレンジすることに意義があると認識し、局舎の空間特性を活かすソフト事業を行いながら、再生活動を行っている。

　ヴォーリズ建築の特徴的なところや局舎として使用していた先人の思いや懐かしさは残し、建築に触れてヴォーリズの生き方を体得できる体感スペース・学びの場とし、誰もが参加できる再生活動をすることに重きを置いた。

　ヴォーリズ建築の再生は、建築が蘇るプロセスから喜びや楽しさ、面白さを得て、人が活かされることに生きがいを感じ、次世代まで守り育てていき、より持続的な社会を形成していくことへつながるものである。

　また、再生活動を市民協働で行いながら人と人のつながりを持つことで、市民の心の拠り所となり愛着を感じる場となる。そして、再生活動の勢いが将来的に地域全体のまちづくりに展開していくことでまちの発展に寄与していくことが、後に市民の共有財産となると考える。

　　　　（いしい・かずひろ　NPO法人ヴォーリズ建築保存再生運動一粒の会　前会長）

図3
改修作業の様子

図4
改修後の旧八幡郵便局舎ファサード

ピアソン記念館とヴォーリズ

伊藤　悟

　北海道の北見市にあるピアソン記念館は、米国長老派教会宣教師ジョージ・P・ピアソン師とアイダ・ゲップ夫人が、1914年（大正3）から1928年（昭和3）まで居住した私邸を、1971年（昭和46）に「北見市記念館条例」により、「ピアソン記念館」として修繕保存したものである。

　ピアソン宣教師は、1888年（明治21）にプリンストン大学神学部卒業後、同年明治学院の教師として来日。以降1894年に北海道小樽に居住し、以来約35年間（小樽と札幌に7年、旭川に13年、北見に15年）を、宣教活動のほか、北海道初期の女子教育への貢献、廃娼運動、アイヌ伝道、監獄伝道など幅広く活動した人物である。

　特に北見では、遊郭設置阻止に成功し多くの婦女子を救ったり、子供に勉学の機会を与えるため、無償の中学生寮を設置し、多くの若い人材を育成した。

　このピアソン夫妻が居住したピアソン邸を、記念館として保存し、資料館として開館した目的は、ピアソン夫妻の献身的な人柄を慕っていた多くの市民への要望に応えるもので、建物の設計者も不明のままでの保存であった。

　このピアソン邸が、有名な建築家ウィリアム・メレル・ヴォーリズの設計によるものであると判明したのは、1995年（平成7）、大阪芸術大学山形政昭教授（当時助教授）の尽力によるものである。未建築設計図面の中の「THREE OAKS」というタイトルの設計図面が、北海道北見市に残るピアソン記念館であることを立証したのである。設計年月日は1914年（大正3）4月となっている。ヴォーリズの作品の中でも初期の作品となる。

　「ピアソン夫妻は三本の大きな柏の木のある高台を大層気に入り、そこにピアソン邸を建てる決心をした」と言い伝えられており、市民はその庭を「三柏のもり」と呼び、最近では夏に野外コンサートなども行われている。

　2001年（平成13）には、ピアソン夫妻の北海道での業績と、ヴォーリズ建築としての文化的な価値が評価され、「北海道遺産」の認証を受けている。

（いとう・さとる　NPO法人ピアソン会）

図1
桜の季節のピアソン記念館

ヴォーリズネットワークの活動
土井祥子

　明治38年（1905）のヴォーリズ来日から100年が経過した平成17年（2005）、財団法人日本ナショナルトラスト（以下JNT）では、全国各地のヴォーリズ建築に関わる団体や行政、市民などが相互に交流をはかり、ヴォーリズ建築の文化的価値の理解を深め、将来に継承することを目的とする「ヴォーリズ建築文化全国ネットワーク」の設立をめざして、準備会の発足を呼びかけた。平成17年1月には、近江兄弟社学園において準備会フォーラムを開催、さらに平成19年5月、全国各地から20の団体が参加して、軽井沢で正式設立されるに至っている。

　JNTでは、平成14年にヴォーリズ設計による「駒井家住宅」を寄贈され、屋根などの修復工事を経て平成16年から一般公開しているが、駒井家住宅を介して、はからずも全国各地のヴォーリズ建築に出合うこととなった。それは、建築の存在だけでなく、ヴォーリズ建築にかかわるさまざまな人々との、そして地域の歴史文化とヴォーリズ建築が紡いできた"物語"との出合いでもあった。

　ネットワークをスタートさせる機運の高まりは、全国各地のヴォーリズ建築が補修や改修の時期を迎えており、取り壊しなどの問題を抱えている一方で、ヴォーリズ建築をこよなく愛し、保存や再生にとりくむ市民活動が各地でみられるようになっているということが背景になっている。

　ネットワークへの参加を呼びかける中で、発見したことがある。それは、ヴォーリズ建築に親しむ人びとの多様性である。ネットワークに参加しているのは、あらかじめヴォーリズ建築であるということをご存じの建築の専門家やファンだけではない。絵画や音楽などの芸術活動、地域のコミュニティ活動などの場として親しんで使っていた建物が、ヴォーリズの設計であることを後から発見された方も少なくはないのだ。建築の予備知識などなくても、ヴォーリズ建築が多くの人の心をひきつけてやまないのは、ヴォーリズが建築にこめたこまやかな想いを、時空を超えて感じとっているからではないだろうか。

　人と人、人と地域とのコミュニケーションが希薄といわれる現代に生きる私たちにとって、ヴォーリズが建築をはじめさまざまな社会活動を通して目指した社会のあり方、建築にこめた理念は、ひとつの道標といえるのかもしれない。このネットワークの活動が、ヴォーリズの建築文化という窓から新たなコミュニケーションの輪を生み出し、次世代に伝えていく原動力となっていくことを願っている。

（どい・さちこ　財団法人日本ナショナルトラスト事業課）

図1
ヴォーリズ建築文化全国ネットワーク記念フォーラム
平成19年（2007）5月19日、軽井沢のユニオンチャーチでヴォーリズ建築文化全国ネットワークが設立された。翌日には記念フォーラムや軽井沢にあるヴォーリズ建築の見学会が催された

図2
駒井家住宅
一般にも公開され、さまざまな形で利用されている

座談会　ヴォーリズさんを慕って

出席者
林　一
吉田ゑい
矢野　義

コーディネート・司会
芹野与幸

●普通の会社と違う規則

芹野　今日はお集まりのみなさまに、ヴォーリズさんがどんな人だったか、思い出話を交えておうかがいしたいと思います。
　林さんは、ヴォーリズさんのドライバーとしてお供された経験もおありだそうですね。

林　私は最初、近江兄弟社の印刷部で『湖畔の声』の印刷などをやっていました。その後、総務に移り、なぜか先生に気に入られて離してもらえなかった。先生はアメリカの方ですから、私のようにイエス・ノーをはっきり言うのが気に入られたのか、本当に大事にしてもらいました。先生のドライバーと言っても、会社で何にでも使えるようにステーションワゴン車を使ってのお供でしたがね。

芹野　今日の座談会の場所は吉田ゑいさんのお宅ですが、吉田家は、ご主人の希夫さんのお父さん、吉田悦蔵さんの代からヴォーリズさんと活動を共にされてきましたね。ゑいさんご自身とヴォーリズさんのお出会いは？

吉田　私は近江八幡生まれで、家が近くでしたから、小さいころヴォーリズさんがお宅から歩いて会社へいらっしゃる光景をよく見ていました。でも、私が直接ヴォーリズさんにお目にかかったのは、結婚の仲人をしてもらってから。主人とは小さいときからの知り合いで、結婚したのは昭和21年（1946）でした。義父吉田悦蔵は昭和17年に亡くなっていましたから、吉田の母と主人の妹と一緒に暮らしていました。

芹野　吉田悦蔵さんは、近江ミッションを語る上で大変重要な存在ですね。
　矢野さんは建築部でしたね。入社は戦後ですか？

矢野　昭和28年（1953）です。私はクリスチャン・ホームで育ち、近江兄弟社の名前は父から聞いていました。たまたま、ある建築家のご紹介で、ヴォーリズ建築事務所の面接を受けたのです。そうしたら、建築の話はまったくなくて、話題は教会活動のことばかり（笑）。入社して初めてヴォーリズさんに会いました。73歳になられていました。

芹野　建築部の新人の務めとして、ヴォーリズ邸から事務所まで行き帰りのお供をしたとか。

矢野　ありましたね。同期の友人が当番で、ヴォーリズさんを送っていると塀が壊れている家があって、「町の美観を損なうから塀を直すように家の人に言ってきなさい」と言われて、困ったそうです（笑）。

芹野　近江兄弟社は、普通の会社と違う規則が多くて、

林一（はやし・はじめ）氏
（元株式会社近江兄弟社発送センター所長）

吉田ゑい（よしだ・えい）氏
（吉田希夫氏夫人）

矢野義（やの・ただし）氏
（元株式会社一粒社ヴォーリズ建築事務所代表取締役、現顧問）

芹野与幸（せりの・ともゆき）氏
（株式会社一粒社ヴォーリズ建築事務所経営管理室長）

驚かれたとか。

矢野 一番びっくりしたのは正員ですね。入ったら、見習い、準員と上がって、それから正員になる。正員というのは生涯、ヴォーリズさんと共に理想郷を築くことを決意した、いわゆる正社員です。「伝道者として活躍する覚悟をする」とはっきり書いてありました。ところが、困ったことにクリスチャンでない人と結婚したら準員に格下げされ、給料も減ります。そこで私の妻もちゃんと洗礼を受けてクリスチャンになり、後には家内の家族も全員クリスチャンになりました。給与面では家族給というのがあって、家族一人ひとりに手当てが出ました。だから余暇も十分に楽しめた。家族が多いほど手取りが多かったのです。

芹野 林さんは入社前から、教会とはつながっていらしたのですか。

林 ええ、小さいときから日曜学校に通っていました。入社したら会社で聖書研究会があって、ヴォーリズ先生はいつも若い人のグループの指導者でした。「なんぢ年若きをもて人に軽んぜらるな、反って言にも、行状にも、愛にも、信仰にも、潔きにも、信者の模範となれ」（テモテ4：12）と、まだどちらを向くかわからないわれわれに言われましたね。

● 厳しいヴォーリズさん

芹野 ヴォーリズさんの家と吉田家とはかなり近かったんですね？

吉田 この池田町にいらしたときはそうですね。まだ吉田の母が元気なときは、ヴォーリズさんはよくお食事に来られていました。楽しくお食事を召し上がって、「でもちょっと贅沢や」と言われたこともあるそうです。満喜子さんがわりあい質素で、食事には厳しかったですから。

矢野 近江ミッションというのは、この池田町の吉田さんのお宅を中心に始まったようなものですよね。

吉田 ええ、ここを迎賓館のようにして、お客さんが次々とお見えになりました。当時は八幡には飲食店なんかほとんどありませんでしたから、吉田の母がお料理でみなさんをおもてなしして。

芹野 ここに集まってミーティングですか？

吉田 そう、たぶんこのお部屋だったかと思います。ホテルも全然ない時代でしたので、お泊りになるお客さまもずいぶんいました。

矢野 そのころは駅からここまで田んぼばっかり（笑）。

吉田 本当に田舎でしたね。この池田町の一画では私の家の隣りにウォーターハウスさんの家があり、2軒隣にヴォーリズさんがご両親と一緒に住んでいて、その隣りのダブルハウスには建築部の外国人がおられました。それぞれの建物の間には囲いがないので、庭を行ったり来たり。主人はしょっちゅうヴォーリズさんの家に遊びに行っていたと話していました。専用のコートもあって、よくテニスをしていたようです。でも日曜日だけは娯楽はすべてご法度！

林 そう、日曜日は映画もだめ。

吉田 禁酒禁煙も厳しくて、それが原因でクビになった人もあります。

林 ヴォーリズさんは社内ではそれは厳しい。警察より税務署より怖い（笑）。「法律に適合している」なんて言おうものなら、「法律は最低の線です。そんなもの、自慢になりますか！」と怒られたものです。

矢野 時間にも厳しかった。残業は一切許さない。仕事が時間内にできなかったら、ヴォーリズさんが帰ったのを確認して、そうっと設計室へ戻る（笑）。サマータイムの季節なんかは、4時半になったらもう全員職場から

生まれたばかりの吉田希夫を抱くヴォーリズの母
ジュリア、うしろに立つのはヴォーリズと父のジョン

ヴォーリズと林氏　昭和31年（1956）

独身青年の会「地塩会」のメンバー
前列真ん中にヴォーリズがいる。右端に立っているのが林氏
昭和26年（1951）

追い出されたものです。仕方がないので、あとは自転車で琵琶湖へ行って泳いだり、ボートに乗ったり、サナトリウムへ行って看護婦さんとコーラスをしたり。今から思えば楽しい思い出ばかりです（笑）。

● 「近江商人ではなく、近江小人です」

芹野　矢野さんは当時、「紙芝居を持って伝道に行きなさい」と言われたそうですね。
矢野　あのころは「教務部」という部門があって、いろんな牧師さんが琵琶湖周辺の伝道を担当しておられました。入社まもなく私は教務部へ呼ばれて、「日曜学校を家で開きたいという人がいるからあなたも担当しなさい」と言われ、さぁ迷った。そうしたら翌朝トイレでヴォーリズさんと一緒になって、「矢野さん、ヤーですか、ノーですか？」と直接聞かれ、もう「ヤーです」と言わないとしょうがない（笑）。クリスマスには、父のオルガンを塗り直して八幡まで運び、紙芝居を携え、讃美歌集は手作りして村を回って呼びかけて、地元の20人近い子どもたちが集まりました。
芹野　矢野さん、建築部でしたよね？
矢野　戦前は仕事が終わったら、どこに属そうが月・火・水は琵琶湖伝道の船「ガリラヤ丸」に乗って伝道活動をしていたそうです。
林　「ガリラヤ丸」は、メンソレータムを開発したハイドさんの寄付でした。本来はハイドさんの名前をつけてもいいと思うのですが、「ハイド丸」でも「ヴォーリズ丸」でもなく、聖書から引用されている。ヴォーリズさんはそういう考え方だったのでしょうね。
吉田　そう、特に最近はヴォーリズさんの名前が勝手に一人歩きしているような感じがします。「近江商人ヴォーリズ」って言われることもあるでしょう？　ヴォーリズさんは「私は近江商人じゃなくて近江小人ですよ」と言ってらした。

● 住む人が喜ぶ家を

芹野　建築事務所のスタッフは30人ぐらいでしたか。
矢野　そうですね。お医者さんみたいな白いガウンを着て、高い製図台に座ってやっていました。私が入ったころは、ヴォーリズさんは東京や軽井沢へ行かれることが多くて、帰ってこられてもお客さんが絶えないので、実際に製図台に座って図面を描いておられる姿は見たことがない。よくチラシや封筒の裏にフリーハンドで描いたスケッチを渡されて、清書して設計図を描くように言われました。でも、それらは定規などを使わないで描かれたスケッチなのに、正確ですばらしかった。
芹野　設計室はどんな雰囲気でしたか。
矢野　誰かが賛美歌を歌いだしたら、知らない間にそれがきれいなコーラスになっていました。ヴォーリズさんが図面を描いておられたころは、ヴォーリズさんの口笛で始まって、口笛のコーラスになったという話もあります。和やかな雰囲気でした。
吉田　でも仕事には厳しかったんでしょう？
矢野　そう、請負業者も緊張感をもって仕事をしていました。竣工検査にヴォーリズさんが来られたら、まず床の真ん中にピンポン玉を置いて、転がったら不合格。便器を指で拭いて、ごみがついたらダメ。全部やり直し。それでも「設計士と請負業者は上下関係ではなく、お互いに尊敬し合える立場で仕事をしなさい」とヴォーリズさん。「建築は永久に社会の器だから、手を抜いてはあかん」とも言われました。住む人のために、住む人が喜ぶ家をつくった。そういう厳しさですね。
林　壁の中や床下など人目につかないところに心を配

池田町のミッション住宅　左から吉田邸、ウォーターハウス邸、ヴォーリズ邸、ダブルハウス

ヴォーリズとヴォーリズ建築事務所の所員たち　昭和27年（1952）頃

り、住む人の利便、健康を考える。古くなって解体されたとき、その基礎や骨組みを見て業者が驚くというようなことを何度も聞きました。
芹野　ゑいさん、この家の住み心地はどうですか？
吉田　ここへ初めて来たときは、天井が高くて、部屋が広くて、窓が大きいのでびっくりしました。洋風建築だけど日本間もあるし、障子を通って差し込む光は柔らかくて、いい感じでしょう？　だから好きなんです。
矢野　ヴォーリズさんは西欧建築の伝道師と言われていますが、実際は日本の風土に合うように、雨どいは太く丈夫にしなさい、ねずみが多いので押入には鉄板を張りなさいとか言われた。アメリカ建築を真似するだけではなく、日本の風土に合うようによく工夫されていました。
芹野　チェーピンさんやヴォーゲルさんがアメリカ建築の基本を教え、ディテールに関してはヴォーリズさんが日本人にも合うように厳しく言われたということですかね。
矢野　ヴォーリズ事務所に入っていちばん驚いたのは、上下関係が一切ないこと。周りを見たらすごい作品を作っている人ばかりなのに、課長も係長もないタレントの集団です。その中で、ヴォーリズさんは平等に厳しくしつけて育てられたという感じです。

●ジョークで人を引き込む

芹野　ヴォーリズさんが厳しいというお話ですが、そうでない部分もあったのですか。
林　よく冗談を言われましたよ。例えば、東海道線に東京行きの鈍行があって、夏の暑い日、ヴォーリズさんが駅長に「東京も雪らしいですね」と聞く。駅長が首をかしげるので「"行き"と"雪"をかけたんですよ」と説明したら、「あぁ、なぁるほど」と大笑い（笑）。
矢野　「埼玉県の上尾という駅はできたばかりや。看板にエイジ・ゼロ（ageo）と書いてある」と言ったり（笑）。とにかくジョークで人を引き込むのが上手でした。
芹野　先ほどの矢野さんの「ヤーですか、ノーですか」もその類ですね。
林　話し方はとつとつとしているけれど、さすがに詩人ですから語彙が豊かだし、的を射ていました。何かのときに、こちらが「頑固じじい」と小さな声で言うと、「何言うてますか、この石頭」（笑）と、すぐに返ってきた。
矢野　しゃべりは関西弁でしたね。
吉田　そうですね。うれしいと、「バンザイなこっちゃ」って言うてはりました。YMCAの土地を手に入れたら、電報にも「バンザイナコッチャ」と打電したそうです。

●新年の標語は「祈りつつ前進」

芹野　近江兄弟社は、今でいうNPOみたいなもの。みんなが手弁当で集まって伝道しようという運動体が起こった。それが近江ミッションだったという感じがしますね。
林　大きくなることが目的ではないといつも言っておられました。お金儲けだけなら大きくするのはやさしい。大きくなったらこんな団体は無理だと思っておられたのでしょう。
吉田　『失敗者の自叙伝』にも、「大きくなっても、部分的な成功は失敗に過ぎない」とあります。ヴォーリズさんにとってはお金儲けなんて一部分に過ぎなかったのでしょう。
芹野　「ミッション」という言葉から連想するのは、キリスト教伝道というイメージですが、近江ミッションで

ジョークが好きだったヴォーリズ　昭和32年（1957）

ヴォーリズの書初め「祈りつつ前進」　昭和9年（1934）

は、もっと生活とか社会、人のつながり、そういう身近で、素朴なことがいちばん大事だったんでしょうね。
林　そう、宣教師の専門の伝道とは違います。生涯、平信徒伝道者の姿勢を貫かれた。
矢野　本来、ヴォーリズさんが目指したのは農村での伝道です。都会で網をかけるような伝道じゃなくて、祈りをもちつつ農村伝道を前進させる思いから始められた。伝道のために産業部があった。だから「産業部のある伝道団」ということで、産業部が先に立ってはいけないのです。
林　毎年ヴォーリズさん自らが書初めで認（したた）められた兄弟社の標語があるのですが、それは「祈りつつ前進」とか「聖霊を受けよ」といったものばかりでした。普通の会社のように、「今年の売り上げ目標はいくら！」というような標語はまったくなかった。何を一番にしたか。そこが大事なことですね。
矢野　ヴォーリズさんは全然お金に執着がありませんでした。出張から帰ってきたら、いつも財布を逆さまに振って「ナイフ！」（サイフでなく）とニコニコ。残ったお金は全部教会に寄付してきた。東京で立派なホテルを設計しても、自分は必ず質素なYMCAに泊まっていました。

● 自分がいちばん小さい

矢野　皇室のことは尊敬しておられましたね。
芹野　戦争のときだけでなく、基本的にロイヤル・ファミリーというものに対しての考えがあったのでしょうね。『マスタードシード』には歴代の天皇の写真も出てきます。日本人にとって天皇がどういう存在か、ちゃんと知っていらっしゃったのでしょう。
林　その点、ヴォーリズさんはずっと首尾一貫していま

す。戦前戦後通じて何にも変わらない。
矢野　戦後は、いろいろなことが思っていたのと違う結果になって、寂しかったのではないでしょうか。
吉田　ヴォーリズさんは、主人が秘書として同行して回っていると、協力の「協」の字を一生懸命きれいに書いて、みんなに見せながら、「これは上の大きな"力"が神様の力で、下はみんなで力を合わせて、初めて良いことができるんです」という話を、どこへ行ってもなさったそうです。
林　そういえば結婚式の色紙には、いつも「協」の字を書かれていましたね。「力」を３つ書いて、左に「+」を書いて、しかも「この"+"は十字架や！」という先生特有の論法で。
芹野　よく知られている"丸にチョン"以外に、逆三角形を三つに仕切って、上からG・N・Sと書いていたこともありますね。
林　Gは神（God）、Nは隣人（Neighbor）、Sは自分（Self）ですね。
矢野　第一は神のために、第二は隣人のために、最後は自分のために。
林　自分がいちばん小さい。それがヴォーリズさんの基本でしたね。私心がない。報いを求めない。
吉田　そうですね。
芹野　みなさんのお話をうかがって、兄弟社という組織に対する思いより、そんなヴォーリズさんという人柄を中心にして集まった仲間意識が強かったのだろうなあと思いました。
矢野　そう、近江ミッションはヴォーリズさんを慕う仲間たちでしたね。
芹野　本日はありがとうございました。

（平成19年８月12日　近江八幡市・吉田邸にて）

日本に帰化し米留未となってからのサイン
逆三角形にG・N・Sとある。下はよく知られている丸にチョンの印

吉田邸で行われた座談会

100 years of W.M.Vories' Works

Column

ヴォーリズの窓

　ヴォーリズの建築には和風もあるのだが、西洋建築様式を基本としたヴォーリズ建築の窓は縦長で、太陽光を部屋の奥まで採り入れようとした建築の窓の形である。

　窓の開き方は和風では横にスライドする引き違いが多いが、西洋館では上下にスライドする窓、または滑り出し窓、あるいは開き窓になる。ヴォーリズの縦長洋風窓には分銅を仕込んだバランス式の上げ下げ窓が多用されている。

　バランス式の極めつけは、六甲山上にある日本最初のゴルフ場、神戸ゴルフクラブのクラブハウスの窓。水切り板が外側に起きるようになっていて、開けると腰壁の中まで二筋の縦溝が続いている。バランス式の雨戸とガラスの二重の障子が膳板(ぜんいた)を通り過ぎて腰壁の中にすっかり消えてしまうと、窓は何もさえぎるもののない透明な開口部となって、山上のさわやかな風が夏のハウスを颯爽と通り抜ける。

　ヴォーリズの設計図面は尺(1尺＝303mm)を基準寸法(モデュール)にして画かれている。すなわち、尺と寸のオーダーにしたがって設計されたということである。窓に使われた障子の典型的な寸法は3尺角。これをタテ3分割、ヨコ2分割してガラスを入れる。すると、ガラスのひとこまは1尺5寸×1尺になる。つまり、1.5：1であるが、窓の基本寸法は3尺角の建具が縦2段に重なる高さ6尺×幅3尺の段窓で、窓枠や建具枠と桟の寸法を差し引いて残るガラスの縦横寸法の比は、ほぼ1.618：1の黄金比に近い。

　学校の教室の場合には階高13尺で天井高11.5尺、縦6尺に3尺の半分にあたる1.5尺を加えて、総高7.5尺の窓になる。学生たちは15枚の黄金矩形に分節された窓外の景色に、つい見とれている自分に気づく。

　ヴォーリズは住まうひとの健康を守ることを、建物の重要な役割の1つであると考えた。日照と通風は窓の役割である。近江療養院(現・ヴォーリズ記念病院)は健康を守るだけではなく、健康を回復する建築である。計画にあたって、日照の方位や空気の流れなど、気象条件を綿密に検証して設計された。昭和10年(1935)に増築された新附属館は各病室にL字型の窓が設けられ、日光と空気の流れを互いにさえぎらないように屏風形の外観となった。その説明に「各室共最大の光線と通風が得られる様に建築さる」(『ヴォーリズ建築事務所作品集』)とある。

(石田忠範)

近江兄弟社学園教育館の窓(上)と駒井家住宅ベイ・ウインドウ(下)
ヴォーリズの窓は建物の中にいる人の視線を自然に外へと誘う

近江療養院新附属館
最大の光線と通風が得られるように、各病室にL字型の窓が設けられた

ヴォーリズ建築主要作品リスト

主要な建築作品164件を取り上げた。
現名称(旧名称)は、教団名、宗派名、株式会社などを原則として省略した。
文化財等は、重要文化財は重文、登録有形文化財は登録、県市区指定文化財は県指定・市指定・区指定、都選定歴史的建造物は都選定と略した。
所在地は、原則として、現存するものは町まで示し、現存しないものは東京都は区まで、それ以外は市まで示した。
カラー掲載頁の＊は下欄に写真を掲載したもの。

近江兄弟社(旧近江ミッション)関係の建築

竣工年	現名称(旧名称)	文化財等	所在地	カラー掲載頁
1907(明治40)	旧八幡YMCA会館	非現存	滋賀県近江八幡市	＊
1911(明治44)	近江兄弟社西館	非現存	滋賀県近江八幡市	
1913(大正2)	吉田邸	県指定	滋賀県近江八幡市池田町	12-13
1913(大正2)	近江兄弟社住宅(旧ウォーターハウス邸)	登録	滋賀県近江八幡市池田町	
1914(大正3)	ヴォーリズ邸(池田町)	非現存	滋賀県近江八幡市	
1914(大正3)	ヴォーリズ合名会社軽井沢事務所	非現存	長野県北佐久郡軽井沢町	
1918(大正7)	ヴォーリズ記念病院／ツッカーハウス、希望館(五葉館)、礼拝堂(近江療養院)	登録	滋賀県近江八幡市北之庄町	＊
1920(大正9)	米原シオン会館	非現存	滋賀県米原市	
1921(大正10)	旧近江ミッション・ダブルハウス		滋賀県近江八幡市池田町	14-15
1924(大正13)	柿元邸(旧パミリー邸)		滋賀県近江八幡市土田町	88
1928(昭和3)	大津教会・愛光幼稚園(旧大津基督教同胞教会)		滋賀県大津市末広町	20
1928(昭和3)	恒春園		滋賀県近江八幡市北之庄町	
1930(昭和5)	堅田教会(旧堅田基督教会館)	登録	滋賀県大津市本堅田	18
1930(昭和5)	水口教会(旧水口基督教会館)	登録	滋賀県甲賀市水口町	
1931(昭和6)	近江兄弟社学園ハイド記念館(旧清友園幼稚園・教育会館)	登録	滋賀県近江八幡市市井町	11
1931(昭和6)	ヴォーリズ記念館(旧ヴォーリズ邸)	県指定	滋賀県近江八幡市慈恩寺町	10
1931(昭和6)	旧佐藤邸	登録	滋賀県近江八幡市慈恩寺町	16
1934(昭和9)	今津教会・今津幼稚園(旧今津基督教会館)	登録	滋賀県高島市今津町	19
1935(昭和10)	近江兄弟社アンドリュース記念館(旧近江八幡YMCA会館)	登録	滋賀県近江八幡市為心町	
1936(昭和11)	石橋邸(旧近江家政塾本館)		滋賀県近江八幡市池田町	

キリスト教教会堂

竣工年	現名称(旧名称)	文化財等	所在地	カラー掲載頁
1909(明治42)	福島教会(旧福島日本基督教会)	非現存	福島県福島市宮下町	26
1913(大正2)	京都御幸町教会(旧日本メソジスト京都中央教会)	市指定	京都府京都市中京区御幸町通二条	27
1918(大正7)	日本福音ルーテル久留米教会	登録	福岡県久留米市日吉町	＊
1921(大正10)	早稲田奉仕園スコットホール		東京都新宿区西早稲田	
1922(大正11)	大阪教会	登録	大阪府大阪市西区江戸堀	30-32
1923(大正12)	武蔵豊岡教会(旧メソジスト豊岡教会)		埼玉県入間市川原町	
1924(大正13)	近江八幡教会	非現存	滋賀県近江八幡市	
1925(大正14)	屋代教会		長野県更埴市	
1926(大正15)	大阪福島教会(旧日本メソジスト大阪福島教会)		大阪府大阪市福島区	
1927(昭和2)	秋田基督教会	非現存	秋田県秋田市	

旧八幡YMCA会館

ヴォーリズ記念病院　五葉館

日本福音ルーテル久留米教会

広島メソジスト教会

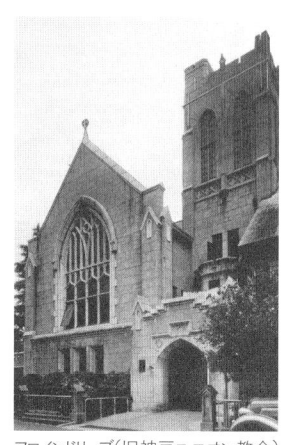

フロインドリーブ(旧神戸ユニオン教会)

竣工年	現名称（旧名称）	文化財等	所在地	カラー掲載頁
1928（昭和3）	広島メソジスト教会	非現存	広島県広島市	＊
1928（昭和3）	福島新町教会	登録	福島県福島市新町	
1929（昭和4）	フロインドリーブ（旧神戸ユニオン教会）	登録	兵庫県神戸市中央区生田町	＊
1929（昭和4）	草津教会		滋賀県草津市大路	
1929（昭和4）	錦林教会		京都府京都市左京区吉田中阿達町	
1930（昭和5）	めぐみ幼稚園第1園舎（旧下関バプテスト教会）		山口県下関市上田中町	
1935（昭和10）	聖贖主教会（旧博愛社礼拝堂）		大阪府大阪市淀川区十三	
1936（昭和11）	京都復活教会（旧日本聖公会京都復活教会）		京都府京都市北区紫野	
1936（昭和11）	救世軍京都小隊		京都府京都市下京区	
1937（昭和12）	安東（アンドン）教会		大韓民国安東市	57
1938（昭和13）	聖公会紅葉幼稚園（旧高田降臨教会）		新潟県上越市西城町	
1948（昭和23）	博多教会		福岡県福岡市須崎町	

YMCA・YWCA の建築

竣工年	現名称（旧名称）	文化財等	所在地	カラー掲載頁
1914（大正3）	京都大学YMCA会館	登録	京都府京都市左京区吉田牛ノ宮町	28
1916（大正5）	横浜YMCA会館	非現存	神奈川県横浜市	
1917（大正6）	日本YMCA同盟会館	非現存	東京都千代田区	
1922（大正11）	神戸YMCA会館	非現存	兵庫県神戸市中央区	＊
1923（大正12）	大阪YWCA会館	非現存	大阪府大阪市北区	＊
1925（大正14）	大阪YMCA会館	非現存	大阪府大阪市西区	＊
1936（昭和11）	京都YWCAサマリア館（旧館）		京都府京都市上京区室町通出水	
1937（昭和12）	慶応義塾大学YMCA日吉チャペル		神奈川県横浜市港北区日吉	

学校建築

竣工年	現名称（旧名称）	文化財等	所在地	カラー掲載頁
1912（明治45）	関西学院神学館（原田）	非現存	兵庫県神戸市	
1913（大正2）	日ノ本学園本館	非現存	兵庫県姫路市	
1916（大正5）	明治学院礼拝堂	区指定	東京都港区白金台	29
1918（大正7）	宮城学院第二校舎	非現存	宮城県仙台市	＊
1918（大正7）	川上幼稚園		石川県金沢市幸町	
1919（大正8）	カルディア会上田いずみ園舎（旧常田幼稚園園舎）	登録	長野県上田市常田	
1920（大正9）	同志社大学啓明館（図書館）		京都府京都市上京区今出川通烏丸	
1921（大正10）	西南学院大学博物館（旧西南学院本館）	市指定	福岡県福岡市早良区西新	33
1922（大正11）	関西学院中央講堂（原田）	非現存	兵庫県神戸市	
1923（大正12）	ランバス女学院	非現存	大阪府大阪市	
1925（大正14）	九州学院高等学校講堂兼礼拝堂	登録	熊本県熊本市大江	34
1925（大正14）	静岡英和女学院	非現存	静岡県静岡市	＊
1926（大正15）	ルーテル学院中学・高等学校本館（旧九州女学院本館）	登録	熊本県熊本市黒髪	36
1926（大正15）	活水学院本館・講堂		長崎県長崎市東山手町	35
1929（昭和4）	関西学院／時計台（旧図書館）、文学部校舎、神学部校舎、経済学部校舎、総務館、住宅他	登録	兵庫県西宮市上ヶ原一番町	37-41

神戸YMCA会館

大阪YWCA会館

大阪YMCA会館

宮城学院第二校舎

静岡英和女学院

竣工年	現名称(旧名称)	文化財等	所在地	カラー掲載頁
1930(昭和5)	大阪医科大学歴史資料館(旧別館)	登録	大阪府高槻市大学町	＊
1931(昭和6)	横浜共立学園本館	市指定	神奈川県横浜市中区山手町	48-49
1931(昭和6)	東奥義塾本館	非現存	青森県弘前市	
1932(昭和7)	同志社大学アーモスト館	登録	京都府京都市上京区今出川通烏丸	50-51
1932(昭和7)	関西学院聖和キャンパス4号館、住宅(神戸女子神学校)		兵庫県兵庫県西宮市門戸西町	
1933(昭和8)	啓聖(ケソン)高等高校		大韓民国大邱市	57
1933(昭和8)	活水学院講堂		長崎県長崎市東山手町	66
1933(昭和8)	神戸女学院/総務館、講堂、チャペル、文学館、理学館、図書館、音楽館、体育館、中高部校舎、ケンウッド館他	重文	兵庫県兵庫県西宮市岡田山	42-47
1933(昭和8)	カネディアンアカデミースクール寄宿舎	非現存	兵庫県神戸市	＊
1933(昭和8)	頌栄保育専攻学校	非現存	兵庫県神戸市	＊
1933(昭和8)	東洋英和女学院	非現存・再建	東京都港区	52-53
1934(昭和9)	聖学院本館	非現存	東京都北区	
1935(昭和10)	梨花女子大学校(旧梨花女子専門学校)		大韓民国ソウル特別市	58-59
1935(昭和10)	西南女学院講堂		福岡県北九州市小倉北区	＊
1935(昭和10)	遺愛学院講堂	登録	北海道函館市杉並町	
1935(昭和10)	プール学院本館、礼拝堂	非現存	大阪府大阪市	
1937(昭和12)	宮城学院講堂	非現存	宮城県仙台市	
1937(昭和12)	豊郷小学校(旧豊郷尋常高等小学校)	登録	滋賀県犬上郡豊郷町	54-55
1938(昭和13)	滋賀大学稜水館(旧彦根高等商業学校陵水館)	登録	滋賀県彦根市馬場	
1938(昭和13)	八幡商業高等学校本館		滋賀県近江八幡市宇津呂町	
1939(昭和14)	アレン国際短期大学久慈幼稚園		岩手県久慈市本町	
1951(昭和26)	大阪女学院高等学校校舎・ヘールチャペル	登録	大阪府大阪市中央区玉造	56

住宅

竣工年	現名称(旧名称)	文化財等	所在地	カラー掲載頁
1911(明治44)	グリーソン邸	非現存	兵庫県神戸市	
1913(大正2)	安土町郷土館(旧伊庭慎吉アトリエ)	町指定	滋賀県蒲生郡安土町	
1914(大正3)	ピアソン記念館(旧ピアソン邸)	市指定	北海道北見市幸町	72-73
1915(大正4)	宣教師館 アリス・フィンレー邸	非現存	鹿児島県鹿児島市	
1915(大正4)	西邑邸	非現存	東京都千代田区	＊
1918(大正7)	山田邸	非現存	大阪府大阪市	＊
1919(大正8)	キリスト友会フレンズセンター(旧フレンド・ミッション宣教師館)	登録	東京都港区三田	
1920(大正9)	旧シャイヴェリー邸		京都府京都市上京区烏丸今出川	＊
1920(大正9)	廣岡邸	非現存	兵庫県神戸市	＊
1922(大正11)	アメリカン・ボード・ミッション宣教師館	非現存	兵庫県西宮市	
1922(大正11)	西町インターナショナル・スクール(旧松方邸)	都選定	東京都港区元麻布	74
1922(大正11)	伊藤邸	非現存	兵庫県神戸市	
1923(大正12)	旧プレスビテリアン・ミッション住宅		大阪府大阪市住吉区帝塚山	75
1923(大正12)	高碕記念館(諏訪邸)		兵庫県宝塚市雲雀丘	
1923(大正12)	池田邸	非現存	東京都文京区	
1924(大正13)	旧彦根高等商業学校外国人教員住宅	登録	滋賀県彦根市金亀町	78

大阪医科大学歴史資料館(旧別館) 　　カネディアンアカデミースクール寄宿舎 　　頌栄保育専攻学校

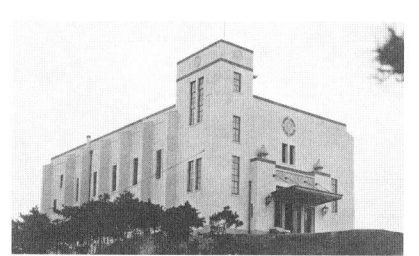

西南女学院講堂 　　西邑邸 　　山田邸

竣工年	現名称（旧名称）	文化財等	所在地	カラー掲載頁
1925（大正14）	文化アパートメント	非現存	東京都文京区	＊
1925（大正14）	東京電気株式会社住宅	非現存	兵庫県西宮市	
1926（大正15）	高輪館（旧朝吹邸）		東京都港区高輪	79
1926（大正15）	カフマン邸	非現存	東京都新宿区	＊
1927（昭和2）	駒井家住宅（駒井卓・静江記念館）	市指定	京都府京都市左京区北白川伊織町	76-77
1928（昭和3）	工繊会館（旧舟岡邸）	登録	京都府京都市左京区松ヶ崎	
1929（昭和4）	関西学院外国人住宅		兵庫県西宮市上ヶ原	
1929（昭和4）	旧広瀬邸		滋賀県近江八幡市西末町	
1929（昭和4）	内炭邸（旧平田邸）		滋賀県近江八幡市西末町	
1929（昭和4）	松本邸（旧ナショナル・シティ銀行大阪支店住宅）		兵庫県西宮市雲井町	
1929（昭和4）	阿部邸	非現存	兵庫県西宮市	＊
1930（昭和5）	ナショナル・シティ銀行神戸支店住宅	非現存	兵庫県神戸市	＊
1930（昭和5）	宮本邸	登録	滋賀県大津市音羽台	
1931（昭和6）	小寺邸	非現存	兵庫県神戸市東灘区住吉山手	80-81
1931（昭和6）	アーウィン山荘	非現存	兵庫県神戸市	＊
1931（昭和6）	白滝山荘（旧宣教師館ファーナム邸）	登録	広島県尾道市因島	
1931（昭和6）	住井歯科医院（住井邸）		滋賀県東近江市東沖野	
1932（昭和7）	大丸ヴィラ（旧下村邸）	市登録	京都府京都市中京区烏丸通丸太町	82-84
1932（昭和7）	アンドリュース邸	非現存	東京都渋谷区	
1933（昭和8）	湯浅邸	非現存	兵庫県西宮市	＊
1933（昭和8）	富久邸		大阪府堺市西区浜寺石津町	
1933（昭和8）	村岡邸（旧岩瀬邸）		滋賀県近江八幡市永原町	89
1934（昭和9）	ヴォーリズ六甲山荘（旧小寺山荘）	登録	兵庫県神戸市灘区六甲山町	70
1934（昭和9）	室谷邸	非現存	兵庫県神戸市	＊
1935（昭和10）	近江岸邸	登録	大阪府堺市西区浜寺昭和町	85
1935（昭和10）	石橋邸（旧近江家政塾本館）		滋賀県近江八幡市池田町	
1935（昭和10）	松村邸	非現存	兵庫県神戸市	
1936（昭和11）	クラブハリエ日牟禮館（旧忠田邸）		滋賀県近江八幡市宮内町	17
1937（昭和12）	林邸	非現存	東京都千代田区	
1938（昭和13）	広海邸	非現存	兵庫県神戸市	
1938（昭和13）	蜂須賀別邸	非現存	静岡県熱海市	
1939（昭和14）	数江邸（旧亀井邸）		東京都大田区	
1940（昭和15）	旧マッケンジー邸	登録	静岡県静岡市駿河区高松	86-87

旧シャイヴェリー邸

廣岡邸

文化アパートメント

カフマン邸

阿部邸

ナショナル・シティ銀行神戸支店住宅

アーウィン山荘

湯浅邸

室谷邸

軽井沢の建築

竣工年	現名称（旧名称）	文化財等	所在地	カラー掲載頁
1918（大正7）	軽井沢ユニオンチャーチ		長野県北佐久郡軽井沢町	62
1918（大正7）	亜武巣山荘（旧アームストロング山荘）	登録	長野県北佐久郡軽井沢町	67
1922（大正11）	浮田山荘（旧ヴォーリズ山荘）		長野県北佐久郡軽井沢町	66
1926（大正15）	軽井沢集会堂		長野県北佐久郡軽井沢町	69
1929（昭和4）	軽井沢教会		長野県北佐久郡軽井沢町	63
1930（昭和5）	軽井沢テニスコート・クラブハウス		長野県北佐久郡軽井沢町	68
1931（昭和6）	旧朝吹山荘（睡鳩荘）	登録	長野県北佐久郡軽井沢町	
1935（昭和10）	川崎山荘　ドーミーハウス	非現存	長野県北佐久郡軽井沢町	*
1936（昭和11）	片岡山荘（旧鈴木歯科夏季診療所）	登録	長野県北佐久郡軽井沢町	
1941（昭和16）	旧岸本山荘		長野県北佐久郡軽井沢町	

その他

竣工年	現名称（旧名称）	文化財等	所在地	カラー掲載頁
1915（大正4）	米原市醒井宿資料館（旧醒井郵便局舎）	登録	滋賀県米原市醒井	22
1918（大正7）	徳川音楽堂	非現存	東京都港区	*
1921（大正10）	旧八幡郵便局舎		滋賀県近江八幡市仲屋町	23
1922、33（大正11、昭和8）	大丸大阪心斎橋店		大阪府大阪市中央区心斎橋筋	92-95
1925（大正14）	大同生命ビルディング	非現存	大阪府大阪市	96-97
1923（大正12）	今津ヴォーリズ資料館（百三十三銀行今津支店）	登録	滋賀県高島市今津町	
1925（大正14）	滋賀銀行甲南支店（寺庄銀行）		滋賀県甲賀市甲南町	
1925（大正14）	主婦の友社ビル	非現存・再建	東京都千代田区	*
1926（大正15）	東華菜館（旧矢尾政）		京都府下京区四条大橋西詰	98-99
1928（昭和3）	大丸京都店		京都府京都市下京区四条通高倉	*
1928（昭和3）	旧水口図書館	登録	滋賀県甲賀市水口町	21
1929（昭和4）	大丸神戸店別館（旧ナショナル・シティ銀行神戸支店）		兵庫県神戸市中央区明石町	
1931（昭和6）	神戸ゴルフクラブ・クラブハウス		兵庫県神戸市六甲山町	
1931（昭和6）	大同生命横浜支店	非現存	神奈川県横浜市	*
1936（昭和11）	旧今津郵便局		滋賀県高島市今津町	
1937（昭和12）	阿部市ビルディング	非現存	大阪府大阪市	*
1937（昭和12）	山の上ホテル（旧佐藤新興生活館）		東京都千代田区神田駿河台	100
1939（昭和14）	京都復活教会北小松研修所（旧復活学園キャンプハウス）		滋賀県大津市北小松	

川崎山荘　ドーミーハウス

徳川音楽堂

主婦の友社ビル

大丸京都店

大同生命横浜支店

阿部市ビルディング

100 years of W.M.Vories' Works

ヴォーリズの書画とゆかりの品々

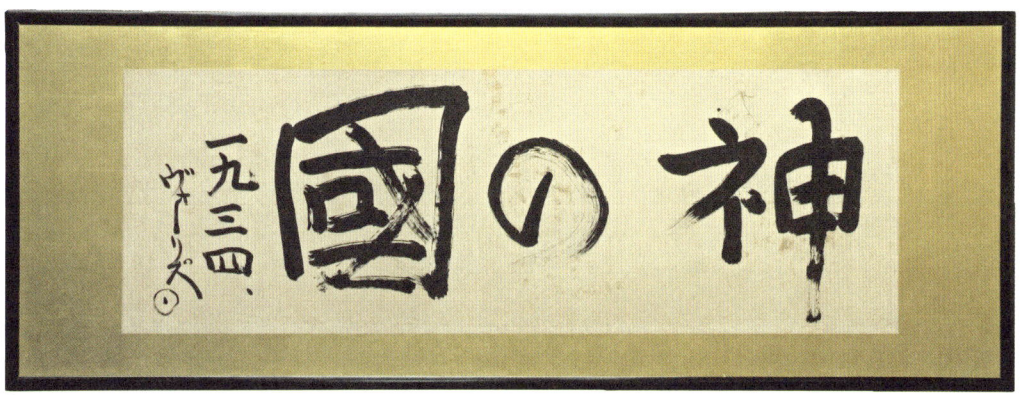

「神の国」 1934年
下の書とともに、ヴォーリズ記念館に掲げられている扁額。署名の横の丸に点は、近江八幡こそ世界の中心であるというヴォーリズの気概を示す印

「近江兄弟社」 1934年
この年の2月に「近江ミッション」を「近江兄弟社」と改称した

書き初めをするヴォーリズ　1942年頃

ヴォーリズの硯箱
ヴォーリズはこの大きな硯箱を使って新年の書き初めをしていた

100 years of W.M.Vories' Works

静物画　1894年

書画「大我」　1938年
絵は虎（tiger）、ヴォーリズお得意のしゃれ

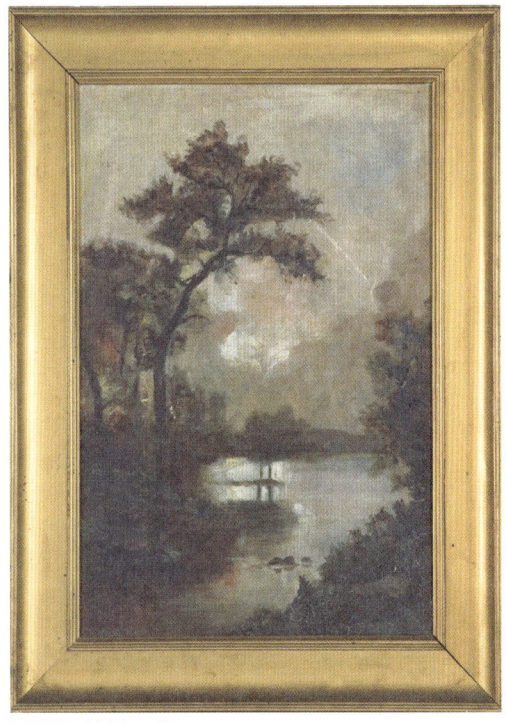

風景画　制作年不明

風景画　1895年

ヴォーリズの書画とゆかりの品々

ヴォーリズ建築事務所の看板
ヴォーリズは1908年（明治41）、建築設計監督事務所を開設した

ヴォーリズ愛用の6人掛けのテーブル
天板を起こすと、右のようにベンチに早変わり。天板の裏にも模様が彫ってある

6人掛けのテーブルの椅子　6脚とも異なる植物の模様が彫られている

100 years of W.M.Vories' Works ― ヴォーリズの書画とゆかりの品々

ヴォーリズ愛用のカメラ
カメラはほかにも何台か遺されている

電灯がなかったころに使っていた灯油ランプ

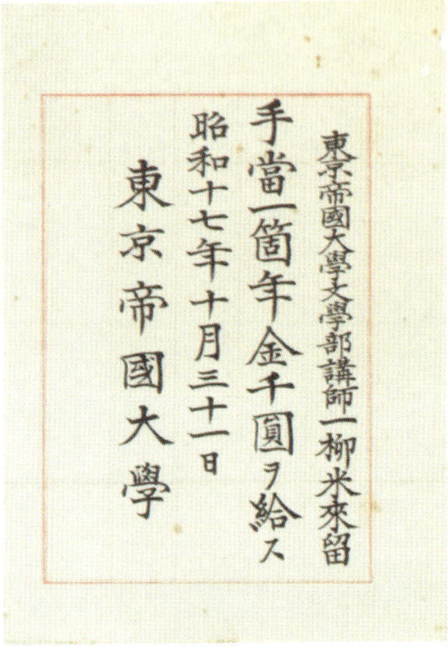

東京帝国大学文学部講師辞令
ヴォーリズは1941年（昭和16）1月、日本に帰化し一柳米来留と改名したが、戦時中は軽井沢で隠遁生活をしていた。この辞令を受け取ったとき、どんな思いだっただろう

旧ヴォーリズ邸で使われていた色ガラス製のドアノブ

ヴォーリズ一家愛用の籐椅子とネストテーブル

軽井沢彫りの施されたネストテーブル

※ドアノブ（個人蔵）以外は財団法人近江兄弟社蔵

ウィリアム・メレル・ヴォーリズ年譜

明治13年（1880）	10月28日、ウィリアム・メレル・ヴォーリズ、米国カンザス州レヴンワースに生まれる。
明治20年（1887）	一家、アリゾナ州フラグスタッフに転居。
明治29年（1896）	一家、コロラド州デンバーに転居。 9月にイースト・デンバー高等学校に入学。
明治33年（1900）	コロラド大学に入学。
明治35年（1902）	3月、第4回海外伝道学生奉仕団世界大会（カナダ・トロント）において伝道団員に志願し、海外伝道を志す契機を得る。
明治37年（1904）	コロラド大学卒業（哲学士取得）後、コロラド・スプリングス市YMCAに勤務。
明治38年（1905）	1月29日、滋賀県県立商業学校（後の滋賀県立八幡商業高等学校）に赴任のため来日、2月2日、近江八幡に来着。 2月8日、ヴォーリズ宅（魚屋町の借家）で最初のバイブル・クラスを開く。 吉田悦蔵（当時、井上悦蔵）がヴォーリズ宅に転居し共同生活を始める。それ以来吉田はヴォーリズの活動の協力者となる。 7月13日〜8月31日、日本各地を旅し、軽井沢にも滞在する。
明治39年（1906）	10月1日、近江八幡YMCA会館建築工事着工（1907年2月10日竣工）。
明治40年（1907）	3月31日、伝道活動のため県立商業学校教師を解職される。 4月、英文伝道誌『The Omi Mustard-Seed』創刊。
明治41年（1908）	京都YMCA会館建築工事に際し工事監督を担当し、建築設計監督事務所を開設。
明治43年（1910）	1月29日〜11月23日、ロシア、欧州を経て帰米、各地のYMCAを訪問、途中シカゴでの平信徒宣教大会でメンソレータム社の創設者A.A.ハイドに面会。 11月、建築技師L.G.チューピンらを伴い帰幡（チューピンは大正2年離日）。 12月13日、ヴォーリズ合名会社設立（設立発起人はヴォーリズ、チューピン、吉田悦蔵の3名）。
明治44年（1911）	近江ミッション設立。
明治45年（1912）	夏に軽井沢事務所を開設。 7月、伝道誌『湖畔之聲』創刊。 12月、建築技師J.H.ヴォーゲルが来日し近江ミッションに加わる（ヴォーゲルは大正6年離日）。
大正2年（1913）	3月、病気療養のため帰米、10月、慢性盲腸炎を手術しグレンウッド・プリングで静養し健康を回復する。
大正3年（1914）	3月14日、ヴォーリズら両親を伴い帰幡。 4月29日〜5月23日、中国に初めて出張し、上海、南京、杭州などでYMCA会館の建築計画を立てる。 9月、伝道船「ガリラヤ丸」進水、湖畔伝道を始める。
大正5年（1916）	2月、「近江ミッション綱領」策定。
大正7年（1918）	5月25日、近江療養院（近江サナトリウム）開院。
大正8年（1919）	6月3日、一柳末徳子爵の三女満喜子と結婚。
大正9年（1920）	4月14日〜8月11日、大同生命ビル建築計画のため廣岡恵三らと渡米し米国建築を視察。 12月、ヴォーリズ合名会社を解散し、ヴォーリズ建築事務所と近江セールズ株式会社を設立。
大正11年（1922）	7月、近江ミッションによる清友園幼稚園開園。 7月5日、Wm.Merrell Vories『A Mustard-Seed in Japan』刊行。 10月、メンソレータム売薬認可。 11月、ヴォーリズ建築事務所大阪支所を開設。
大正12年（1923）	著書『吾家の設計』刊行。吉田悦蔵『近江の兄弟ヴォーリズ等』刊行。
大正13年（1924）	著書『吾家の設備』刊行。
大正14年（1925）	5月、大同生命ビル竣工。
昭和2年（1927）	軽井沢会副会長に選出される。
昭和3年（1928）	6月、伝道船「ヨルダン丸」進水。
昭和4年（1929）	3月、関西学院上ケ原キャンパス竣工。
昭和5年（1930）	6月8日、コロラド大学より名誉法学博士の称号を授与される。
昭和8年（1933）	4月、神戸女学院岡田山キャンパス竣工。 5月10日、大丸心斎橋店第3期工事竣工。 10月、近江家政塾開設。
昭和9年（1934）	2月2日、近江ミッションを近江兄弟社と改称。
昭和12年（1937）	『ヴォーリズ建築事務所作品集』刊行。
昭和16年（1941）	1月24日、日本に帰化し、一柳米来留と改姓。
昭和19年（1944）	戦時体制下で建築業務休止。
昭和21年（1946）	近江兄弟社建築部、活動再開。
昭和26年（1951）	『失敗者の自叙伝』の草稿起筆。
昭和32年（1957）	7月、クモ膜下出血のために倒れ、療養生活に入る。
昭和33年（1958）	近江八幡名誉市民の第1号に推挙される。
昭和36年（1961）	近江兄弟社建築部より株式会社一粒社ヴォーリズ建築事務所が独立し、大阪に事務所開設。
昭和39年（1964）	5月7日、一柳米来留永眠、享年83歳、正五位勲三等瑞宝章受章。同16日、近江八幡市民葬と近江兄弟社社葬の合同葬が行われる。
昭和45年（1970）	一柳米来留『失敗者の自叙伝』刊行。

ヴォーリズの建築に関する主な参考文献（発行年順）

The Omi Mustard-Seed　近江ミッション，1907年～1937年

『湖畔之聲』近江ミッション，1912年創刊

Wm. Merrell Vories, *A Mustard-Seed in Japan*, 近江ミッション，1922年

吉田悦蔵『近江の兄弟ヴォーリズ等』警醒社書店，1923年

ウィリアム・メレル・ヴォーリズ『吾家の設計』文化生活研究会，1923年

ウィリアム・メレル・ヴォーリズ『吾家の設備』文化生活研究会，1924年

Wm. Merrell Vories, *The Omi Brotherhood in Nippon*, 近江ミッション，1934年

中村勝哉編『ヴォーリズ建築事務所作品集1908-1936』城南書院，1937年

沖野岩三郎『吉田悦蔵伝』近江兄弟社，1944年

中真己(佐々木宏)「一柳米来留について」「ヴォーリズ建築事務所の主な作品」『近代建築』vol.17-11, 1963年

一柳満喜子『教育随想』近江兄弟社学園，1966年

一柳米来留『失敗者の自叙伝』近江兄弟社，1970年

山口廣「ウィリアム・メレル・ヴォーリズ」『日本の建築　明治大正昭和－6．都市の精華』三省堂，1979年

『一粒社ヴォーリズ建築事務所作品集』一粒社ヴォーリズ建築事務所，1983年

中島松樹編『軽井沢避暑地100年』国書刊行会，1987年

山形政昭『ヴォーリズの住宅──伝道されたアメリカンスタイル』住まいの図書館出版局，1988年

山形政昭『ヴォーリズの建築──ミッション・ユートピアと都市の華』創元社，1989年

浦谷道三『ヴォーリズ』近江兄弟社学園同窓会，1991年

内田青蔵『日本の近代住宅』鹿島出版会，1992年

荒川久治『教会が見える風景──W・M・ヴォーリズの足跡』地域デザイン研究所，1995年

同志社大学人文科学研究所編『近代天皇制とキリスト教』人文書院，1996年

岩原侑『青い目の近江商人メレル・ヴォーリズ』文芸社，1997年

国松俊英『ここが世界の中心です──日本を愛した伝道者メレル・ヴォーリズ』PHP研究所，1998年

『写真集日本人を越えたニホン人　ウィリアム・メレル・ヴォーリズ』びわ湖放送，1998年

内田青蔵・大川三雄・藤谷陽悦編著『図説・近代日本住宅史』鹿島出版会，2001年

川崎衿子『蒔かれた「西洋の種」──宣教師が伝えた洋風生活』ドメス出版，2002年

山形政昭『ヴォーリズの西洋館──日本近代住宅の先駆』淡交社，2002年

田淵結編著・監修『ヴォーリズの「祈りのかたち」展』ガイドブック，関西学院大学，2004年

奥村直彦『ヴォーリズ評伝──日本で隣人愛を実践したアメリカ人』港の人，2005年

奥村直彦『W・メレル・ヴォーリズ──近江に「神の国」を』近江兄弟社湖声社，2006年

山崎富美子『ヴォーリズさんのウサギとカメ』(絵本)，上ケ原文庫，2007年

W・M・ヴォーリズ著、一粒社ヴォーリズ建築事務所監修『ヴォーリズ著作集1　吾家の設計』創元社、2017年

W・M・ヴォーリズ著、一粒社ヴォーリズ建築事務所監修『ヴォーリズ著作集2　吾家の設備』創元社、2017年

一粒社ヴォーリズ建築事務所編、山形政昭監修『ヴォーリズ建築図面集──W. M. VORIES & CO., ARCHITECTS Selected Drawings』創元社、2017年

山形政昭『ウィリアム・メレル・ヴォーリズの建築──ミッション建築の精華』創元社、2018年

高澤紀恵・山崎鯛介編『建築家ヴォーリズの「夢」──戦後民主主義・大学・キャンパス』勉誠出版、2019年

撮影・図版提供・出典

＊撮影者・図版提供者・出典ごとにおおむね本書掲載初出順に記した。
＊撮影者・図版提供者と所蔵者が異なる場合は、所蔵者名を（ ）で記した。
＊発行所など適宜省略した。
＊ページ数のみ記しているものは、そのページの全点を含む。

松居直和　p10、p19、p20、p21、p22、p23写真、p54、p78、p88、p89、p100写真2点、p147図1
畠山崇　p11、p16写真
増田彰久　p12、p13写真、p14、p17、p26、p27、p29、p33、p35、p37、p39、p40、p42写真、p43、p44、p47、p48写真、p50、p51、p52、p62、p63、p64、p66、p68、p72、p76、p79、p80、p81、p82、p83、p85、p86、p87、p98
上諸尚美　p18、p30、p31、p92写真、p93、p96、p97
石田忠範　p24、p60上以外、p90、p101写真、p122図10、p124図12、p142図5、p144図2、p159上2点
エスエス大阪　p28
山形政昭　p34、p36、p56、p57、p58、p67、p69、p70、p74、p105図11、p127図4、p136図8
多田準二　p75
所有：株式会社一粒社ヴォーリズ建築事務所　所蔵：大阪芸術大学　p13図面2点、p15図面2点、p16図面、p23図面、p32、p38、p41、p42図面、p45、p46、p48図面、p49、p53、p55、p59、p65、p73、p77、p84、p92図面、p94図面、p95、p99図面2点、p100図面、p121図6、p122図8・9、p147図2、p149図4
株式会社一粒社ヴォーリズ建築事務所　p15模型写真、p120図2・3、p121図4
大阪歴史博物館　p94模型写真（財団法人近江兄弟社蔵）
東華菜館　p99写真
『神戸女学院・目で見る100年』1975年　p60上
『ヴォーリズ建築事務所作品集』1937年　p102図1、p103図6、p104図7・8・9・10、p106図15・16・17、p109図6、p111図11・12・13、p112図14、p120図1、p127図5、p130図4、p138図1、p144図1・3、p148図2、p159下、p160左下・右、p161左上・中上、p162中上・右上・左下、p163中上・中中・右中・左下・中下・右下、p164中上を除く5点
The Omi Mustard-Seed　p102図2、p103図3・4、p105図12、p108図1・2・3・4、p109図5、p116図11、p117図13、p135図3、p160中の2点、p164中上
『西南学院七十年史』1986年　p103図5
『横浜共立学園六十年史』1933年　p105図14
『吾家の設計』1923年　p110図7・9、p111図10
駒井俊雄　p112図15
財団法人近江兄弟社　p113図1・2、p115図7・8・9、p116図10、p117図14・16、p118図17・19、p119図20・22、p121図7、p128図1、p156写真2点、p165～167、p168ドアノブを除く全部
奥村直彦　p114図3・4・5・6
『湖畔の声』p116図12
SPECIMENS OF WORK 1917-18　p117図15、p132図2、p162中下
SPECIMENS OF WORK 1926-27　p118図18、p161右、p163右上
『ヴォーリズ評伝』2005年　p119図21
The Omi Brotherhood in Nippon, 1940　p121図5
BERTRAM GROSVENOR GOODHUE-ARCHITECT AND MASTER OF MANY ARTS, edited by Charles Harris Whiteaker (Press of the American Institute of Architects, inc 1925)　p123図11
SPECIMENS OF RECENT WORK　p125図1、p162右下、p163左上
松波秀子　p126図2
博物館明治村　p126図3
Walter C. Kindey, The Architecture of Choice; Eclecticism in America, 1880-1930, New York, 1974　p132図3
Andrew Jackson Downing, The Architecture of Country Houses, 1850　p133図4
中島松樹　p134図1・2、p136図6、p148図1
『住宅』大正5年　p135図4
内田青蔵　p135図5、p136図9
『吾家の設備』1924年　p137図10
東洋英和女学院　p138図2、p140図4
『鳥居坂わが学び舎1933-1993』東洋英和女学院同窓会、1994年　p139図3（大川三雄撮影）
『関西学院の100年』1989年　p141図1、p143図6
『関西学院事典』2001年　p141図2・3、p142図4
『失敗者の自叙伝』1970年（1985年改訂）　p145図4
ベルリン国立美術館　p146図1
田淵結　p146図6
土屋写真館　p149図3
NPO法人ヴォーリズ建築保存再生運動一粒の会　p130図1・2、p132図3・4
NPO法人ピアソン会　p152図1
財団法人日本ナショナルトラスト　p153図1・2
吉田ゑい　p155左
林一　p155中・右、p157左
『写真集日本人を越えたニホン人　ウィリアム・メレル・ヴォーリズ』1998年　p157右（学校法人近江兄弟社学園蔵）、p158左（三原茂靖蔵）
滋賀県立近代美術館　p154写真4点、p158右
A Mustard-Seed in Japan　p160左上
『宮城学院八十年小誌』1966年　p161左下
静岡英和女学院　p161中下
大阪医科大学　p162左上
『エマ・カフマンと東京YWCA』1963年　p163左中

（敬称略）

本書は「ウィリアム・メレル・ヴォーリズ展」の公式カタログであるとともに、この展覧会の成果を広く伝えるために出版されるものです。

[展覧会]

○展覧会企画協力	大阪芸術大学
○展覧会企画委員	石田忠範(石田忠範建築研究所)
	西川智子(近江八幡市立図書館)
	平金有一(大阪芸術大学)
	山形政昭(大阪芸術大学)
○展覧会担当	滋賀県立近代美術館　髙梨純次、田平麻子
	西南学院大学博物館　米倉立子
	軽井沢歴史民俗資料館　篠原麻帆
	大阪芸術大学博物館　柳知明
	パナソニック電工 汐留ミュージアム　萩原敦子、福永知代
○撮影	上諸станス尚美、多田準二、畠山崇、増田彰久、松居直和、山形政昭
○模型制作	有限会社景観模型工房
○映像制作	大阪芸術大学大学院 映画・映像研究室(監修・大森一樹、監督・西村朋樹、撮影・牟田大介、撮影助手・本郷朋之)、軽井沢ナショナルトラスト(木下裕章ほか)
○ポスターデザイン等	田村昭彦(大阪芸術大学)

2008年2月9日(土)〜3月30日(日)滋賀県立近代美術館
2008年5月12日(月)〜7月5日(土)西南学院大学博物館
2008年7月19日(土)〜9月10日(水)　軽井沢歴史民俗資料館
2008年9月22日(月)〜10月11日(土)　大阪芸術大学博物館
2009年4月4日(土)〜6月21日(日)　パナソニック電工 汐留ミュージアム

○主催	各館、京都新聞社(大阪芸術大学博物館は除く)
○後援	社団法人日本建築家協会、社団法人日本建築協会、財団法人日本ナショナルトラスト、文化資源学会
	(滋賀会場のみ)
	NHK大津、社団法人近江八幡観光物産協会、近江八幡市、近江八幡市教育委員会、近江八幡商工会議所、滋賀県教育委員会
○協賛	株式会社創元社、株式会社大丸、株式会社竹中工務店、有限会社たねや
○協力	株式会社一粒社ヴォーリズ建築事務所、財団法人近江兄弟社、学校法人関西学院、学校法人神戸女学院
○助成	(滋賀会場のみ)
	財団法人地域創造

[図録]

○監修・執筆	山形政昭[カラー図版の解説・主要作品リスト・参考文献も担当]
○執筆	奥村直彦
	石田忠範

藤森照信
海野　弘
福田晴虔
内田青蔵
阿川佐和子
田淵　結
濱下昌宏
川島智生
松岡温彦
石井和浩
伊藤　悟
土井祥子
林　一
吉田ゑい
矢野　義
芹野与幸
田平麻子[カラー図版扉・年譜]

○ブックデザイン	鷺草デザイン事務所
○編集	編集工房レイヴン　原　章
	滋賀県立近代美術館　田平麻子

○謝辞

本書を刊行するにあたり、下記の組織、機関、個人の方々にご協力をいただきました。心より感謝申し上げます。

青葉幼稚園、アシュラムセンター、エスエス大阪、NPO法人アニメティー2000協会、NPO法人ヴォーリズ建築保存再生運動一粒の会、学校法人大阪女学院、学校法人近江兄弟社学園、近江八幡市立資料館、近江八幡市立図書館、大阪歴史博物館、学校法人活水学院、財団法人軽井沢会、軽井沢タリアセン、軽井沢ナショナルトラスト、軽井沢彫「シバザキ」、軽井沢ユニオンチャーチ、関西学院学院史編纂室、関西学院大学図書館、北見市教育委員会、学校法人九州学院、京都大学YMCA会館、甲賀市教育委員会、神戸女学院史料室、神戸女学院図書館、財団法人滋賀県文化財保護協会、静岡市生活文化局、全国友の会、大同生命保険相互会社、株式会社大丸大阪心斎橋店、株式会社たねや、東華菜館、東京第一友の会、同志社大学、学校法人東洋英和女学院、豊郷小学校の歴史と未来を考える会、豊郷町、西町インターナショナルスクール、ひこね市民活動センター、株式会社東芝、日本基督教団今津教会、日本基督教団大阪教会、日本基督教団大津教会、日本基督教団堅田教会、日本基督教団軽井沢教会、日本基督教団京都御幸町教会、日本基督教団福島教会、博物館明治村、NPO法人ピアソン会、NPO法人ホホコミュニティ元気普及協会、米原市教育委員会、学校法人明治学院、株式会社山田プランニング、山の上ホテル、学校法人横浜共立学園、ルーテル学院中学・高等学校

浮田和枝、遠藤一枝、大川三雄、奥村泰彦、近江岸多美、柿元清、小寺冨美子、小西眞、駒井俊雄、佐藤菊三、下村朝香、鄭昶源、中島松樹、前田典夫、松波秀子、三原茂靖、村岡昭典、吉田ゑい
(敬称略・順不同)

この出版物の刊行にあたっては、財団法人ポーラ美術振興財団、メトロポリタン東洋美術研究センターの助成を受けました。

[監修者略歴]

山形政昭（やまがた・まさあき）

大阪芸術大学教授。工学博士。1949年大阪生まれ。京都工芸繊維大学建築学科卒業、同大学院修士課程修了（建築史、建築計画専攻）。「ウィリアム・メレル・ヴォーリズの建築をめぐる研究」で東京大学にて学位取得後、近代建築を中心に調査研究を続ける。著書に『ウィリアム・メレル・ヴォーリズの建築』『ヴォーリズ建築の100年』『ヴォーリズ建築図面集』（いずれも創元社）、『ヴォーリズの住宅』（住まいの図書館出版局）、『ヴォーリズの西洋館』（淡交社）など。

ヴォーリズ建築の100年　恵みの居場所をつくる
100 years of W. M. Vories' Works

2008年2月10日　第1版第1刷発行
2019年5月20日　第1版第8刷発行

監修者　山形政昭
発行者　矢部敬一
発行所　株式会社 創元社
　〈本　　社〉〒541-0047 大阪市中央区淡路町4-3-6
　　　　　　　電話 06-6231-9010（代）
　〈東京支店〉〒101-0051 東京都千代田区神田神保町1-2 田辺ビル
　　　　　　　電話 03-6811-0662（代）
　〈ホームページ〉https://www.sogensha.co.jp/

印刷　図書印刷

本書を無断で複写・複製することを禁じます。
乱丁・落丁本はお取り替えいたします。
定価はカバーに表示してあります。
©2008　Printed in Japan　ISBN978-4-422-50124-6　C0052
JCOPY〈出版者著作権管理機構 委託出版物〉
本書の無断複製は著作権法上での例外を除き禁じられています。複製される場合は、そのつど事前に、出版者著作権管理機構（電話 03-5244-5088、FAX 03-5244-5089、e-mail: info@jcopy.or.jp）の許諾を得てください。

本書の感想をお寄せください
投稿フォームはこちらから ▶▶▶

ヴォーリズ建築図面集
——W. M. VORIES & CO., ARCHITECTS Selected Drawings

一粒社ヴォーリズ建築事務所編、山形政昭監修・解説

「キリスト教建築」「学校建築」「住宅建築」「商業建築その他」
4分野での代表的建築56件、全363点の図面を収載

ヴォーリズ率いる建築事務所では、学校建築やキリスト教建築をはじめ、小規模な住宅建築から大型の商業建築に至るまで、約1500件という膨大な数の建築物を手がけた。そのうち現在も資料保管庫に眠る約850件の貴重資料の中から、代表的建築物を中心に重要な図面を厳選して収載。多種多彩な作品それぞれの背景やテーマがうかがえる近代建築の第一級史料に加え、斯界の第一人者による解説および竣工当時の写真資料を付した記念碑的書籍がついに刊行。

A3判・上製、函入り・布クロス装、352頁
定価（本体 40,000 円＋税）
ISBN978-4-422-50127-7

ウィリアム・メレル・ヴォーリズの建築
―― ミッション建築の精華

山形政昭著

ウィリアム・メレル・ヴォーリズ率いる建築事務所では、大正から昭和の戦後にかけて膨大な数の洋風建築を手がけた。今なお居心地のよいその空間を愛好するファンは数多い。国内各地に現存するキリスト教会、ミッションスクールから洋風住宅、商業ビルに至る代表建築を探訪し、なくなった名建築とともにその見どころを解説する。カラー口絵を含む図版約300点と、年譜・建築作品リストなど基礎資料も収載したヴォーリズ研究の集大成。

A5判・並製、336頁
定価（本体3,600円＋税）
ISBN978-4-422-50128-4

吾家の設計【ヴォーリズ著作集1】

W・M・ヴォーリズ著
一粒社ヴォーリズ建築事務所監修
公益財団法人近江兄弟社協力

数々の名建築を残したW・M・ヴォーリズの代表的著作『吾家の設計』を完全翻刻のうえ、注と解説を加えて復刊。生活環境を整えるための普遍的で切実なメッセージがいま甦る。

四六判・上製、264頁　定価（本体 2,500 円＋税）
ISBN978-4-422-50125-3

建築家ヴォーリズの幻の二大名著を復刊

吾家の設備【ヴォーリズ著作集2】

W・M・ヴォーリズ著
一粒社ヴォーリズ建築事務所監修
公益財団法人近江兄弟社協力

人間中心の生活思想を込めたヴォーリズ建築は今もファンを魅了する。理想的な個人住宅設備のあり方を説いた名著『吾家の設備』を完全翻刻のうえ、注と解説を加えて復刊する。

四六判・上製、224頁　定価（本体 2,500 円＋税）
ISBN978-4-422-50126-0